ガチ存在価値

あなたの姿勢で勝ちが決まる

はじめに

この本を手に取ってくださったあなたへ。

もし、あなたが次のどれか1つでも当てはまっていたら、きっとこの本は役に立つ、それこそあなたにとって「ガチで存在価値」のある本になるはずです。

・新しい環境に移ったけれど、期待される成果を出せずに悩んでいる
・職場での役割が曖昧で、自分の存在価値が見えない
・なんのためにこの職場にいるのかわからない

・職場でコミュニケーションがうまく取れず、孤立感を抱いている
・自分の能力を発揮できず、成長が停滞している
・キャリアの方向性が定まらず、将来に不安を抱えている

いかがでしょうか。

思い当たることがあった方は、この本を読後、次のような変化を実感できるでしょう。

・自分の存在価値を理解し、それを活かせるようになる
・自信と責任感が備わり、どんな状況にも動じなくなる
・新しいことに対する恐れがなくなり、積極的に挑戦する意欲が湧く
・失敗を成長の糧と捉え、前向きなマインドセットを持てるようになる
・仕事へのやりがいやモチベーションが高まり、毎日が充実する
・自分を誇りに思えるようになる

本書は一言でいえば、

「自分はこの職場で本当に価値を提供できているのだろうか?」

という問いを持ち、悩みを抱えている人に向けたガイドです。

現代社会を生きる多くの人々は、自分の存在価値について深く悩んでいます。


「大きなことを成し遂げたい」

「何者かにならなければいけない」

「仕事でバリューを出さなければ死んだも同然」


このように思い込んでしまっているのです。

そしてこの悩みは、静かに心を蝕んでいき、放っておくと鬱などの深刻なメンタルヘルス問題に発展することすらあります。


「自分には存在価値があるのだろうか?」

という悩みを持つ人は、いつの時代もたくさんいたことでしょう。

ですが、昨今のSNSの普及によって、その悩みはより大きく、より過酷なものになってしまいました。

つまり、**自分の存在価値に対する悩みは、SNSが拍車をかけた病、いわば「現代病」なのです。**

もしかしたら、SNSは一見、自分の存在価値を出すための「サプリ」のように思えるかもしれません。

たしかに、肩書をやたらに増やしたり、横文字のそれっぽい言葉を使って自己表現したりすることで、まるで自分が影響力のある何者かになったかのように見せることができるといえます。

けれどそれはカン違い。

ほとんどの人にとっては一層悩みを増すだけの逆効果。

私自身もかつてはこの悩みに散々とらわれ、くわしくは後述しますが一度は改名までしてしまったくらいです。

そうして精神的にも金銭的にも高い代償を支払い、数多くの失敗と苦難を乗り越え、ようやく私はこの病の治し方に気づきました。

私がこの病に対処するために何をしてきたか、いわば処方箋のようなものをこれから書いていきたいと思います。

この本が、存在価値という現代病にお悩みの方の一助となれば幸いです。

ここからは、簡単に私の自己紹介をさせていただきます。

1993年、兵庫県淡路島で生まれ、18歳までずっと島で育ちました。

その後、島を離れ大学に入学。

在学中にフロリダ大学へ留学しました。

2015年に大学を卒業後、大手アパレル企業に勤務しましたが、2017年に退職し、ベンチャー企業に転職したことを機に上京。

そこから私の人生は一変します。

メディアアーティストの落合陽一さんがホストを務める「WEEKLY OCHIAI」と

いうNewsPicksの番組がありました。

２０１８年、この番組で「女子アナのアップデート」というテーマを掲げ、オーディションが行われました。

「プロアナ（プロフェッショナル・アナウンサー）」のオーディションです。

ちなみにこのプロアナオーディションでは、空気を読んで迎合したり忖度したりすることなく、自分の意見をしっかりと言えそうな人を選出しようとしていたそうです。台本を読むだけではなく、ジャーナリスティックな意見も発言していくアナウンサー。

そんな人材を選ぼうとしていたと後で知らされました。

最終試験では、数回の選考を勝ち抜いた候補者たち４人が番組に生出演し、落合さんや佐々木紀彦さん、元テレビ東京アナウンサーの大橋未歩さんたちからの面接を受けました。

それに合格した私は、「プロアナ」として初代NewsPicksキャスターとなったのです。

その後、「WEEKLY OCHIAI」のみならず、NewsPicksのいろいろな番組のＭＣ

を務めることになりました。

たとえば、堀江貴文さんの「HORIE ONE」や古坂大魔王さんの「The UPDATE」など。

2023年にNewsPicksを卒業。

現在は、ネット番組でMCやファシリテーターを務めるほか、ヘルスケア・体調管理に特化したメディア「WellNaviAI（ウェルナビアイ）」を立ち上げ、日々忙しくも充実した日々を送っています。

……と、このように書くといかにも順風満帆な人生を歩んでいるように思われるかもしれません。

ですが、実際には**私の人生は苦難と失敗の連続で、常に自分に自信を持てずにいました。**

実家では心豊かに過ごしていたものの、雨漏りしてクーラーもないほど。

そのため、小さいころはお小遣いを稼ぐために庭に咲いている花を首飾りに編んで売ったり、砂場の砂をきれいな瓶に詰めて「星の砂」として売ったり。

好奇心が人一倍強い子どもだった私にとって、幼少期は退屈で、人生を無駄にしているように感じていました。

大学に入学してようやく島を出ることができましたが、大学生活も期待していたほどではなく、もっとおもしろいことをしたいと思い、フロリダ大学に留学しました。

この留学が、生まれてはじめて楽しいといえた経験です。

大学卒業後、大手アパレル企業に就職しましたが、激務で体調を崩すなど、わずか2年で退職。

知人の紹介で東京のベンチャー企業に転職するも、**試用期間でクビに。**

その後は、173センチの高身長が活かされるかもしれないと思い、モデル事務所に所属したけれど**鳴かず飛ばず。**

単発バイトを掛け持ちしながら、

「この先どうしようか……」

と悶々としていたところ、たまたま見たYouTubeのNewsPicksでプロアナオーディションがあると知り、あまり深く考えずに応募したら受かり、アナウンサーとしてのキャリアをスタートさせました。

とはいえ、当初はアナウンスの経験も知識もないにもかかわらず、「オーディション合格者は年収1000万円」という触れ込みだったため、いきなり実力に伴わない高収入を得てしまい、**周りからの目も気になり、常にオドオド、恐縮しっぱなし。**

プロアナに求められていたのは、空気を読んで迎合したり、忖度したりせず、自分の意見を持った芯のある人。

そして、台本を読むだけでなく意見も発するアナウンサー。

でも実際の私は、切り込むタイミングが最悪で、他の人と比べて落ち込んでばかり。

勉強不足で意見も軽薄。

台本は棒読み。しかも元来の早口とボソボソしゃべる癖のダブルパンチ。

また、番組収録の経験なんてゼロだった私は、カンペすらまともに読めず、カンペに書かれた「次のコーナーへ」という指示書きすらそのまま読んでしまい、ひんしゅくを買ったことも。

そんな私がはじめて担当した番組は**わずか4回で打ち切り……。**

その後は他番組で「ツイート（現Xの投稿）をただ読むだけの係」に格下げされてしまいました。

これは、放送中につぶやかれる番組に対する感想や意見を選び出して読み上げるというもの。

出演はわずか数分。

きっと、たいしたアナウンススキルも、番組を仕切るファシリテーション力もない私をどう使っていいのかわからず、

「あんなダメなヤツでも、これくらいのことならできるだろう」

と判断したのだと思います。

完全にお荷物。鳴り物入りでMCになったのに……。

当時は、これ以上不相応な報酬を受け取ることに耐えられず、収録時に出される弁当すら手をつけなくなっていました。

このころは、「好きな女性アナウンサーランキング」上位で絶対に人を悪く言わなさそうな女性アナから、

「あの人、自分で『プロアナ』とか言っちゃって何様？　他の女性アナはプロじゃないってこと？」

などと陰口をたたかれたこともあります。

オーディションでは、「生命力がある」と評価されていたのに、いざ現場で仕事を任されてみると、自分の実力のなさを痛感し、死んだ魚の目。**生命力も何もない。**

「あいつ、何やってるんだっけ？」

「いったい何ができて合格したんだ？」

と常にだれかから陰で言われているような妄想を抱いていました。

縮こまってしまい声がうまく出せない。

そんな状態でアナウンサーの仕事なんてうまくできるはずない。

さらに、何をどうしたらいいのかもわからず、ひたすら指示待ち。

アナウンサー志望の女子大生インターンのほうが私よりスキルがあり、そんな状況がますます私を追い詰めました。

このような無能に存在価値はなく当然、仕事を振ってくれるはずがありません。

悪循環がひたすら続きました。

会社員は日曜夜になると憂鬱になる「サザエさん症候群」というのがあるといいますが、**私は1週間ずっと憂鬱でした。**

当時は自転車でスタジオまで通っていて、帰りはいつも泣きながらペダルを漕いでいたくらい。

知り合いには「毎回の収録が映画『8Mile』です……」と話していました。

ちなみにこの映画は、貧困や家庭内の問題、そして自身の不安や恐れと闘う主人公エミネムが、猛獣ぞろいのラップバトルの大会に挑戦し、敗北を重ねながら少しずつ成功していくというストーリー。

ラッパーたちを番組出演者に、エミネム演じる主人公を私に重ね合わせていたのです。

情けない、消えたい、役立たず……、そんな無力感に苛まれながら、それでもどうすることもできないまま、

「早く1日が終われ」

と、ただただ時間が過ぎるのを待っていました。

ですが、そんな私にもついに転機が訪れます。

2020年3月、ある特番で再びMCを任されたのです。

佐々木紀彦さんと古坂大魔王さんがMCを務め、私はサブMCとして番組を進行しました。

その番組はソニーがスポンサーとなり、若者がアイデアを出し、コンテストで優勝

すれば、ソニーのノウハウを活用してアイデアの具現化を支援するというもの。

私は、若者が発表したアイデアに対して有識者からコメントをもらうコーナーを1人で担当しました。

世界のソニーの特番ということで、関わる人数も非常に多く、大手広告代理店など関係者もやたら収録に立ち会っていたのを覚えています。

通常の放送よりもかかっているお金が明らかに違っていました。

「この番組でミスったら本当に終わりだ……」

とてつもないプレッシャーでした。

ただ、私にとって良かったのは、それまでの「ツイートを読む係」は生放送だったため、なかなか事前準備ができなかったのですが、その特番では事前にしっかりと準備ができたこと。

台本を読み込むのはもちろん、出演者のプロフィールやコンテスト出場者の情報をしっかりと頭にたたき込み、イメージトレーニングも何度も行いました。

その結果、番組は滞りなく終わり、私は、

「何の落ち度もなく終えることができてよかった」

と感じました。


今だったら、ただ台本通りに進行するだけでなく、もっとおもしろいコメントを引き出すようにしたり、視聴者に飽きさせないような工夫をしたりできたと思います。ですが当時は、とにかく何事も事故が起こらず、滞りなく番組を進めることに全力を尽くしたのです。


その結果、佐々木さんやプロデューサーたちからは、

「奥井も成長して、番組を回せるようになった。またMCをやらせてみてもよさそうだ」

と判断してもらえたのでしょう。

この特番をきっかけに、再びMCを担当させてもらえる機会が増え、**本来のプロアナの役割だった「The UPDATE」のメインMCに返り咲きすることもできました。**

やっとスタート地点に戻れたことで自信がついたとはいえ、プロデューサーやディレクター、共演者、ゲストといった周囲の人々は、すごいキャリアや経験、専門性があるのに、私には何もない。

「運が良かっただけでオーディションに受かり、ポッと出てきた私なんて、いてもいなくても一緒だろうな」

という気持ちは頭の片隅にずっと残っていましたし、決して苦悩しなくなったわけではありません。

ですがそれでも腐ることなく、特番のときと同様に徹底的に準備を行い、さらに**いろいろな試行錯誤を繰り返しながら自分の存在価値を出そうと必死でした。**

そのおかげで、２０２３年にNewsPicksを卒業するまでＭＣを続けることができたのです。

その間、堀江貴文さん、落合陽一さん、キングコング西野亮廣さん、幻冬舎の箕輪厚介さん、武井壮さん、ＲＯＬＡＮＤさん、ＭＥＧＵＭＩさん、猪瀬直樹さん、辛坊治郎さんといった猛者を相手に議論を仕切ることができました。

私のNewsPicks卒業回の後、いつも厳しいプロデューサーから、

「奥井さん、ようやくプロになりましたね」

と言われ、はじめて自分の存在価値が認められたと感じ、大きな自信となりました。

このように**存在価値ゼロから始まった私だからこそ、存在価値の出し方・高め方、この現代病の克服方法について書けることがある**と思い、この本を書かせていただこうと決めたのです。

実は、最初にこの本の企画を出版社からいただいたとき、断るつもりでした。

当初の企画が「プロアナの奥井が伝授する、コミュニケーションや対話の上手なやり方」というものだったので、私にはとても書けないし、もっと適した人がいくらでもいると思ったからです。

ですが、いろいろと打ち合わせを重ねるうちに、「存在価値」というテーマがポン

と出てきたとき、プロアナオーディションを勝ち抜いて華々しく入ってきたものの、思うように結果が出せず、

「自分にはここにいる存在価値がないのでは……」

と悩んでいたことを思い出しました。

期待に応えられない自分への落胆。

でも目の前には乗り越えなければならないプレッシャー。

そんな中で成長の停滞に直面し、自信を失い、この先のキャリアも不透明に感じていたのです。

しかし、それでも這い上がった私だからこそ、お伝えできることがあるのではないだろうか。

私なら、存在価値を高める方法を、だれにでもできるような再現性をもって伝えることができるはず。

そう信じて、こうして一冊の形にすることができました。

本書の内容を紹介します。

第1章は、そもそも存在価値とはどういうものなのか。ある人とない人の違いや、存在価値がないとどうなってしまうか。また、存在価値を高めるとどう変わっていくか、などを説明します。

第2章、第3章では、存在価値を高めるために必要な「スタンス」「アクション」について、私自身の経験も盛り込んで具体的に紹介していきます。

第4章では、「フィジカル」について、姿勢を正す、呼吸を変えるなど、今すぐに実行できて、かつすぐに効果も実感できるものをいくつかお伝えしています。

お読みいただいた皆様が、「自分には存在価値がある」と心から思えるようになり、それを支えに責任感と勇気を携えて人生が好転する。

本書がそのきっかけとなれば幸いです。

ガチ存在価値　あなたの姿勢で勝ちが決まる　目次

はじめに　03

第1章――存在価値という病

●「何者かになりたい病」への処方箋　28
●「自分探し」と「存在価値」は違う　33
●職場における存在価値を考える　38
●「ありがとう」をどれだけ言われたか　41
●こんな人は存在価値がない　46

●存在価値がない人にはチャンスが回ってこない 51
●仕事はもちろん、人生すら変わる 55
●ヒントは、他人に聞ける「素直さ」 62
●偉業は成し遂げなくていい 68
●3つの姿勢で勝ちが決まる 72

第2章 存在価値を高めるスタンス

●自分にできることから貢献しよう 78
●論破すな、生産せよ 84
●失敗することでしか存在価値は出せない 89
●とにかく腐らない 94

●上司のために仕事をするな 102
●大切なのは、与えられた仕事を誠実に取り組む姿勢 109
●謙虚は二の次 115
●仕事は「準備」が9割 121

第3章――アクションがなければ宝の持ち腐れ

●行動しないと何者にもなれない 130
●やるか、やらないか 135
●「今月、私は給料分以上の働きをしましたか?」 140
●本気で行動する者には本気で応えてくれる 144
●アドバイスを聞くべき人、聞いてはいけない人 149

●コミュニケーションは「素敵ポイント」探し　156
●寝てない人に存在価値はない　164
●ランチ休憩を削ってでも行くべき場所　170
●それでもダメなら環境を変えよう　177
●いったんの「おわりに」　181

第4章　最速で存在価値を出す7つの奥義

●存在価値は「背筋」から　186
●ビジネス版「ファイティングポーズ」　193
●エネルギーは「丹田」から放たれる　197
●黙っていてもチャンスが舞い込む方法　201

●憂鬱な会議の前は「シン呼吸」で 205
●頭が真っ白になったときは 211
●自信がなくても言い切ることの価値 216
おわりに 222

第1章

存在価値という病

「何者かになりたい病」への処方箋

この章では存在価値という現代病について、もう少しくわしく話をしていきますが、最初に知っておいてほしいことがあります。

それは、**自分の存在価値を悩んだり、不安になったりしているのはあなただけではない**ということ。

新しい職場や部署で、自分がちゃんと価値を提供できているのか、あるいはお荷物になっていないかと悩むことはだれにでもあります。

新卒入社してはじめての職場に配属された人、これまでの経験を活かして転職した人、新たな部署に異動された人など、さまざまな状況でこの悩みは生まれます。

とくに、期待されて入社・異動した場合、そのプレッシャーはより一層大きくなるでしょう。

そして、

「みんなから認められていないのではないか？」

「もっと成果を出して、チームや上司から一目置かれたい」

「ここで何か利益を生み出しているだろうか？」

「自分は本当にここにいていいの？」
「先輩や同期と比べて、自分の成長スピードは遅すぎないだろうか？」
「自分の代わりなんていくらでもいるのでは？」

と自問することも少なくないはず。

また、「自分はもっとやれるはずなのに、今の仕事は自分の能力を活かせていない」と感じることもあります。

意識の高い人ほど、そうした気持ちが強くなる傾向があるようです。

以前、NewsPicks のインターン生からそのような悩みを打ち明けられました。

彼女はメディア業界に憧れて NewsPicks インターンに来た帰国子女の女子大生。

「せっかくメディアにインターンに来ているのに、楽屋や会議室が空いているかを調べて予約を入れたり、番組チームの定例会議の議事録を取ったり、番組で使う備品の整理や調達をしたり、出演者が使ったマグカップを洗ったり、そんな仕事ばっかりです。私の得意な英語も全然活かせないし、これって私がいる意味あるんですかね？」

と嘆いていました。

インターンに参加するだけで十分に意識も能力も高いのですが、だからこそ、**「私はもっとやれるのに……」と感じて消化不良を起こしてしまったのでしょう。**

私自身も同じような経験をしています。

オーディションを勝ち抜いてNewsPicksに「年収1000万円のプロアナ」として鳴り物入りで入社したのですが、最初に担当した番組がすぐに終わってしまい、次の仕事はただツイッターを読むだけの仕事。

入社時は大きな期待を背負っていただけに、

「こんなだれにでもできる仕事をするために入社したのではないし、会社だってこの程度の仕事をさせるためにお金を払っているわけでもない……」

と自分が情けなくなって落ち込み、大いに悩みました。

ですが、新しい職場や部署でいきなり自分の存在価値を示せる人なんて、ほとんどいません。

新しい環境で自分の存在価値に悩むのなんて当たり前。

成長している途中だから悩み、さまようのです。

どんなに焦っても、新しい環境での成功は一朝一夕には成し得ません。まずは、「存在価値に悩むのは当たり前のことだ」と理解し、その悩みと向き合いながら、その病の処方箋でもある、後述する「3つの姿勢」を取り入れ、**少しずつ前に進んでいくことが大切**なのです。

悩んでいるのは あなただけではないのです。

「自分探し」と
「存在価値」は違う

「自分の存在価値を高めるって、自分探しと同じなのでは？」

このように考える人も多いかもしれません。

たしかに両者は似ているように思えるかもしれませんが、本質的に異なっているのです。

誤解しやすい両者の違いについて説明をしていきます。

社会に出た若者の多くは、「何者かになりたい」と強く願うもの。

私自身も社会人になって数年目までは、何者かになりたいあまり、ツイッターのプロフィールに「ライフスタイルアドバイザー／ライフスタイルコーディネーター」といったそれらしい肩書を並べたものです。

ほかにも、リア充をアピールするために、「（ただの一人旅なのに）海外武者修行してきます」「（1回きりなのに）地域のゴミ拾いに参加しました」など、実態の薄い投稿をしたり、有名人とつながることを追い求めていたりしたことがあります。

「何者かになりたい」という願いは、現在の自分は未完成だという意識や、まだ自分の役割を十分に果たしていないと感じることから生じます。

「まだまだ僕の実力はこんなもんじゃないぞ」

「私なら、もっと大きなことを成し遂げられるはずだ」

こうした気持ちが芽生え、自分の理想像を明確にしようとする過程で、「自分探し」という行動につながるのです。


けれど、**「自分探し」と「自分の存在価値を高めること」は違います。**

自分探しとは、自分自身の内面を掘り下げ、自己理解を深め、自分の好きなことや得意なこと、価値観などを見つけるプロセスのこと。

これは自分のために行われるもの。

自分の内面的な充足感や安心感を得ることが主な目的なのです。


一方、存在価値は他者との関係の中で発揮されます。

自分がチームにどのように貢献できるか、周りにどんな影響を与えられるかに焦点を絞った考え方なのです。

自分の持っているスキルや経験などを活かして、**周囲の役に立つことが存在価値を高める鍵**となります。

ようするに、自分探しは内向きで、自己理解や自己実現に重点を置いている一方、存在価値を高めることは外向きで、社会への貢献や他者との関わりに重点を置いているのです。

さらに、**自分探しは個人的な満足感で測られますが、存在価値のほうは、社会や他者からの評価が主となる**のです。

「何者かになりたい」と思ってやっていた私の自分探しは、どれも実態を伴っていなかったため、まさに砂上の楼閣でした。

いくらエラそうに肩書を並べたり論破ばかりしていても、動かなければ何も始まりません。

存在価値を高めるためには、実際に行動し、虎視眈々とスキルを磨き、挑戦し続けるほかないのです。

もしかしたらあなたには、「あんな存在になりたい！」という憧れの人がいるかもしれません。

けれど、その憧れている人は、最初から何者かになることを目指していたわけではなく、**何かに徹底的に打ち込み、その結果としてタイミングや運も味方して成功を収めている**のでしょう。

何者かになりたいという気持ちは理解できますが、それだけでは足りません。

まずは小さな一歩を踏み出し、自分ができることに集中し、その中で自分の存在価値を出していきましょう。

今、あなたが何者かになれていなくても、実力が足りていないと感じていても、大丈夫。

今からチームや社会への貢献を意識しながら行動することで、存在価値を高めることができるのです。

職場における存在価値を考える

存在価値とは、他者や社会に対する自身の役割や貢献度を示すもの。

では、いったいどんなときに、会社や職場、仕事で存在価値を作り出せるのでしょうか?

私は、**「何らかのプラスを生み出しているとき」**だと考えます。

一般的には、人間の存在に価値を求める必要なんてあってはならないですし、生きているだけで全員が尊い存在だと、だれもが納得するでしょう。

けれど、仕事や職場においては話が少し違ってきます。

職場ではお金をいただいている以上、自分の存在価値を考え、それに応える必要があります。

仕事とは、求められたことに対して結果を出すことで成り立っているものなのです。

たとえば、あなたがプロジェクトを任されたとしましょう。

それが成功するかどうかは、あなたの持っているスキルや知識がどれだけ貢献できるかにかかっています。

あなたの役割は、チームにどれくらいのプラスを提供できるかという点にあるといえます。

考えてほしいのですが、会社から与えられた営業ノルマをきちんと達成した人が、「あいつ、仕事はできるし営業成績も高いけど、存在価値ないよね」とはならないでしょう。

会社に貢献し、プラスを生み出しているからです。

あなたの存在価値は、**どれだけ他者やチームに貢献し、影響を与えられるかによって決まる**ということをしっかりと理解してください。

「ありがとう」を
どれだけ言われたか

ただし、カン違いしないでください。

必ずしも「会社への貢献＝売り上げ」というわけではありません。

「ありがとう」をどれだけ言われたか、というのも存在価値の証拠なのです。


人柄や笑顔で職場の空気を和ませる人、ムードメーカーと呼ばれる人は、売り上げでは貢献できていなくても、いろいろな場面で「ありがとう」「君がいてよかった」と感謝されています。

彼らもやはり大きな存在価値があるといえます。

「Aさんって仕事はあまりできないけど、うちの部署に必要な存在だよね」

という人、みなさんの身近にいるのではないでしょうか。


たとえば、企業の総務部というのは、社内の電球を替えたり、コピー機の用紙を補充したり、健康診断の案内をしたりして、働きやすい環境を作っています。

そういった仕事が直接の売り上げにならないからといって、彼らに価値がないわけではありません。

また、仕事はできないけどめっちゃ愛想がいい人というのも、職場にとっては大事な存在。

ほかにも、「なんかこの人に相談したくなる」「話を聞いてほしいと思う」「何気ないちょっとした雑談をしたくなる」「裏切らないからいろいろと話したくなる」「みんながやりたがらない宴会の幹事や、地味な雑用でも率先して引き受ける」といった人も、さまざまな場面で「ありがとう」と感謝されているでしょう。

彼らは一見、目立ちませんし、直接仕事とは関係ないかもしれませんが、**そういう姿をちゃんと見て、評価してくれている人も必ずいるのです。**

数字に換算できることがすべてではありません。

今でこそサッカー日本代表として大活躍している長友佑都選手ですが、大学1年のときはレギュラーではありませんでした。

けれど応援団として試合時に観客席から熱い声援を送り、チームを盛り上げていたそうです。

レギュラーでなく試合に出ていなくても彼は感謝され、チームにとってなくてはならない一員、つまり存在価値のある人だったといえるでしょう。

とはいえ、私がそんなことに気づけたのはほんの数年前。

そこに至るまで、目に見える存在価値を求めて大いに悩んでいました。

２０２０年、コロナ禍で多くの番組制作が停止する中、ネット番組の NewsPicks は注目を集めていました。

その中で、新進気鋭のアナウンサーとして抜擢された私は、当初こそ周囲から称賛の声を浴びていましたが、すぐに厳しい現実に直面することになります。

社会、上司、視聴者、そして家族からの期待は日に日に大きくなる一方で、私は自身のスキルと経験の不足を痛感し、内面は自己嫌悪で満ちていきました。

仕事で期待に応えられず、目に見える成果も出せず、**選んでくれた人々を「裏切った」という感覚に苛まれる日々が続きました。**

ＳＮＳやアプリでの視聴者コメントを過剰に気にし、エゴサーチを繰り返す毎日。

そこで的確な批判を目にするたびに落ち込み、どんどん自信を失っていきました。

「何をすれば視聴者が増えるだろう？」
「私はどんな武器を使って番組に貢献すればいいの？」
このような自問自答を繰り返していました。

当時の私にも伝えてあげたいのですが、存在価値とは、単に仕事の成果や数値だけで判断されるものではありません。

目に見えない貢献や、チームの雰囲気をよくできる人も大切であり、会社にはそのような役割が数多く存在します。

数字になってもならなくても、そこには「ありがとう」がきっとあるはず。
「ありがとう」をどれだけ言われたかで、存在価値を測ることもできるのです。

こんな人は
存在価値がない

私がNewsPicksでMCをしていたときのこと。

くわしくは書けませんが、ある分野の専門家としてゲストに招かれた論客の方がいました。

どうして彼が呼ばれたのかといえば、そのテーマにふさわしい知識を持っていると期待されていたから。

にもかかわらずその方は、番組で**表面的な話しかせず、ありきたりな情報しか提供しませんでした。**

多くの視聴者が関心を寄せていたのに、彼の話はそんな期待に応えるものではなかったのです。

「なぜこの人は呼ばれたのだろう？」

きっと多くの人が思ったことでしょう。

少し言葉が強いかもしれませんが、**「存在価値がない人」とは、与えられた役割を果たさない人**だといえます。

存在価値は、与えられた役割や期待されることをきちんと果たすことで生まれるもの。

とくに職場や社会では、各人に求められる役割があり、それを果たすことで価値が認められるのです。

たとえば、新入社員にはコピー取りやかかってきた電話の応答、会議の議事録担当といった役割がありますが、それをきちんと果たさないことには存在価値は高まりません。

さらに、営業部や編集部といった部署ごとに細かい役割もありますし、同じ部署でも1年目の社員と15年目の管理職では異なる役割が求められます。

それぞれがそれぞれの役割を果たすことで、存在価値を出せるのです。

また、職場に限らず、**家庭や地域社会においても役割は存在するもの。**

家庭では親として子どもを育てる、地域社会ではコミュニティの調和を保ったり、地域のゴミ拾いに参加するなど、それぞれが果たすべき役割というものがあり、それをきちんと果たすことで、個人としての存在価値が高まるのです。

いずれにしても、**役割を果たさない人は周囲からの信頼を失い、結果としてその人自身の存在価値も低下してしまいます。**

私自身、NewsPicksのオーディションに合格し、すぐに番組メインMCという役割を与えられました。

けれど、それまでただのモデルだった私に、MCの経験なんてあるはずありません。

「とにかく司会として台本に沿って議論を進行すればいいんでしょ。それくらいなら、経験のない私でもできるはず」

なんて思っていましたが、まったく予定通りに進めることができない。

そもそも、番組の進行って何をどうすればうまくいくのか、MCってどんなことをやる仕事なのか、まったくわからない。

結局、もう1人のMCの古坂大魔王さんが進行のほとんどを担ってくださいました。

私は古坂さんにおんぶに抱っこ状態。

アシスタントではなく、古坂さんと同じメインMCなのに……。

何をすればいいのかわからないままMCとしての役割も果たせず、その番組はあっという間に終わってしまいました。

私は自分の存在価値を完全に失ってしまったのです。

自分の役割を果たさない限り、存在価値は高められません。

逆に言えば、このことを意識することが、自分の存在価値を高める鍵となるのです。

存在価値がない人には
チャンスが回ってこない

今のまま、存在価値を見つけ出せないままでいることに、**メリットは1つもありません。**

これは私の経験からも断言できます。

存在価値が出せないでいると、いつまでもあなたのスキルや才能が十分に活かされない状況が続いてしまいます。

会社としては、存在価値のある人とない人がいたら、ある人に仕事をお願いするのは当然。

その結果、存在価値のない人は新しいプロジェクトや挑戦的な仕事に取り組む機会が徐々に減っていき、**成長のチャンスも逃してしまうでしょう。**

その状態が続くと、与えられる仕事が単調でルーチンワークばかりになってしまうのです。

これにより、**モチベーションは低下し、仕事に対する意欲が失われてしまいます。**

また、存在価値が低いままだと、昇給の機会ももちろん少ない。

いつまでも成長せず、同じ仕事ばかりをやっていても、年収は上がりません。**経済的な不安もどんどん増すでしょう。**

とくに私が大きなデメリットだと思うのは、存在価値を高められない人はチームで孤立してしまうこと。

仕事というのはほとんどの場合、チームで行うもの。ですが、あなたが存在価値を出せないままだと、**チームの一員としての一体感を味わうことが難しくなってしまいます。**

チーム内で孤立するだけでなく、協力したり連携したりすることも難しくなりますし、意見を求められず、またアイデアを発表することさえできなく、黙ってしまうことが多くなってしまうのです。

私の体験談ですが、存在価値がないと思っていたころは、番組のプロデューサーやディレクターたちが、

「次はこんなテーマどう?」

「ゲストはだれを呼ぼうか？」

「最近、どんなトピックがおもしろかった？」

などと雑談のように仕事の話をしていても、その輪に入れませんでした。

自分からスッと離れて、距離を置いてしまっていたのです。

「こんな無能が発言しても、価値はないんだ」と思って、意見を言うことも、輪に交わることもできなかったのです。


自信をなくすと、何事も後ろ向きにしか捉えられなくなってしまうのです。

その結果、ますますチームの中で孤立し、当然、新しい仕事もまったく振られず、さらに孤独感が強まって自信を失うという悪循環に陥りました。

当時は、「私なんて……」という自己否定の気持ちでいっぱいでした。

存在価値がないままでいると、いつまでもその場所で足踏みし、先に進むことができません。

新しいチャンスも回ってこず、負のスパイラルに陥ってしまうのです。

仕事はもちろん、人生すら変わる

あなたの存在価値を高めることは、仕事にも人生にも大きなプラスの影響を与えてくれます。

とくに大きなものとして、**「やりがいのある仕事が舞い込んでくる」「自信がついて動じなくなる」**といったことがあげられるでしょう。

存在価値を高めることで、これらが生まれる理由をくわしく説明します。


【やりがいある仕事が舞い込んでくる】


あなたの存在価値が高まっていくにつれて、あなたに対する周囲の信頼が高まり、結果的にやりがいのある仕事が舞い込んでくるようになります。

なぜなら、周囲の人々が、

「この人なら信頼できるから、この仕事を任せたい」

と思うようになるからです。

存在価値を感じられない人に仕事をお願いしようとは、間違っても思わないでしょう。

存在価値があり、信頼されている人には、**重要で興味深い仕事が自然と集まり、そ**

の仕事をすることによってまたやりがいを感じる機会が増える、という好循環が生まれます。


以前私は、ＹＯＡＳＯＢＩのインタビューを担当する機会がありました。

まだ『夜に駆ける』でデビューして間もないころです。

世界中からオファーの絶えない現在とは違い、当時はデビュー直後で初々しさが残っていましたが、そのインタビューは私にとって非常にやりがいのある仕事でした。

まず、インタビューに指定されたのは、ＳＯＮＹ東京本社ショールーム「Sony Square」という一般非公開の場所。

ここがとてつもない空間で、見たこともない大きな４Ｋモニターをはじめ、ＳＯＮＹが生み出してきた世界的ヒット作の数々が展示されているのです。

さらに、マイケル・ジャクソンのライブ衣装、映画『メン・イン・ブラック』『スパイダーマン』といった大ヒット映画で使用された衣装や小道具、カメラなどの撮影機材などもありました。

いつもの収録とはスケールも予算も期待も責任も何もかもが桁違いで、私にとってやりがいにあふれた収録となりました。

これは、NewsPicksスタッフや関係者が、私を適任だと選んでくれたおかげで実現したもの。

存在価値を高めることで、こういった素晴らしい機会が訪れることもあるのです。

【自信がついて動じなくなる】

かつての私は自分の存在価値を疑っていて、メンタルもかなり不安定でした。

恥ずかしい話ですが、怪しい占いやおはらいに多額のお金を費やし、今なら絶対に買わないスピリチュアルグッズを購入してしまったこともあるほど。

挙句の果てに、名前さえも改名してしまったのです。

あれは夏が終わってすぐなのに雨が降っていて少し肌寒かった日のこと。

その日は、友人のHちゃんとお茶をしていました。

Hちゃんは「見える系」の友人で、よく人生や仕事の相談をしていたのです。

私は、**「とにかく思い描いていた自分になれない」**と悩みを打ち明けました。

するとHちゃんからは、

「それは画数が悪いからだよ。奥井さんは名前の最後の画数で損をしてる。最後の文字の画数がすべてを台無しにしているかも」

という答え。

占いサイトで私の名前の画数を調べてみると、「失敗、わがまま、不信感、裏切りなどなど、悪い方向ばかりに行ってしまいがち。最終的には罪人になったり、非合法な仕事に手を出したりもしそう」とのこと。

これを見た私は、

「なるほど！　仕事もプライベートもうまくいっていないのは名前が悪いからだ！」

と納得しました。

そして、

「よし、改名だ！」

と決意し、奥井奈々から奥井奈南に変えたのです。

もちろん、名前の画数で人生が決まるはずがありません。

決まっていいわけがありません。

この本の出版を機に、名前を本名の奥井奈々に戻すことにしました。

「画数なんて気にすんな！」

と当時の自分に言ってあげたい。


そんなふうに迷走していたのですが、この本に書いた方法や努力を積み重ねたことによって、次第に番組でＭＣとして存在価値を出せるようになり、自信も持てるようになったことで、ちょっとやそっとのことでは動じなくなりました。

このように、存在価値のある人間になることで、仕事にも人生にも大きな変化が生じます。

さらに言うと、これらに終わりはなく、**らせん状にどんどん大きく繰り返されていくのです。**

より大きな仕事が舞い込み、より自信がつき、それでもっと大きな仕事が舞い込み、一層大きな自信がつき……というように。

存在価値を高めることは一朝一夕には達成できませんが、あきらめることなく努力を続けることで、間違いなくその成果が現れるでしょう。

ヒントは、他人に聞ける「素直さ」

自分で自分の存在価値を見つけるのは、実は簡単ではありません。

なぜなら、**人は自分を客観的に見ることが難しい**からです。

私たちは自分の行動や成果について、自分自身で評価を下すことがしばしばありますが、その評価は主観的であり、必ずしも正確ではありません。

たとえば、会社での評価や査定に関して、自分で考えているものと会社から出されるものとが違うことで悩む人も多くいるといいます。

「あのプロジェクト、あんなにがんばったのにボーナスが安すぎる……」

などといくら思っても、会社の評価基準によって自分の想定と異なる評価を受けることがあるわけです。

他人の目を通して見ることができる自分の価値や評価は、自分の予想とは時として驚くほど違ったものになることを覚えておいてください。

私たちの自己評価は過大もしくは過小評価に偏りがちなのです。

また、そういった理由から自分の本当の価値を見逃してしまうことも少なくありません。

言い方を変えると、私たちが自分で気づかない強みや能力、他人に対する影響力など、**他人からのフィードバックを通じてはじめて明らかになることもある**ということ。

自己認識と他者認識のギャップは大きく、これが存在価値を考える上での大きな障壁となってしまうのです。


このことは私自身の経験からも言えます。

最初に番組のＭＣを任されたときも、その後にツイッターを読む係になったときも、再びＭＣに昇格した当初も、常に悩んでいました。

「私、本当に必要ですか？」

と。


とくにツイッターを読むしか仕事がなくなってしまったときは、自分なんて本当に不要だと思っていましたし、周囲からも絶対にそう思われていると感じていました。

客観的に見ても、大勢の中からオーディションを経て選ばれた人の役割として、ひたすらツイッターの投稿を読むという役は全然ふさわしくなかったはず。きっと番組を見ている人々からも、「こんな仕事、私にだってできる」と言われていたに違いありません。

当時はずっと、

「プロアナの私は、ＭＣとして番組をうまく進行することができて、はじめて必要とされるんだ」

と考えていました。

けれど、番組プロデューサーの言葉が私の考えを変えてくれました。

「ツイッターを読むだけなら、私じゃなくても良くないですか？」

という私の質問に、

「いや、そうでもないんです。奥井さんが番組に映っていることが、**番組の緊張と緩和になる**んです。それに、ツイッターを読むだけでも、どのコメントを選んで発表するかによって、**議論の一手を変えること**だってあります。奥井さんの選ぶ視聴者の意見が、思わぬ展開を巻き起こす起爆剤になるかもしれません」

と言われたのです。

その言葉を聞いて、

「あ、私にもちゃんと役割があったんだ」

という新たな気づきを得ました。

それまでは、番組における自分の存在価値はないと決めつけていたのですが、**実は自分が思っていた以外に価値があった**ということ。

プロデューサーの言葉をきっかけに、それまではなんとなくでしか選んでいなかったコメントの選び方が大きく変わりました。

議論では出てこなかった切り口だったり、聞きたかったけれど聞けなかったことをコメントを通して切り込んでみたり。

そうやって**自分なりに番組のことを考えて、コメントを選ぶようにした**のです。

すると、ゲストがそのコメントに回答することで議論が深まったり、思わぬ方向に話が飛んだり、時にはその回の金言が飛び出たりし始めました。

「こういう予定調和じゃないドキドキ感を、視聴者も求めているんだな」

このとき、**自分ではちっぽけに思える仕事や役割であっても、実は全然ちっぽけではなく、大きな意味があるんだな**とはじめて思えたのです。

私たちは案外、自分で自分の価値を決めつけてしまいがち。

けれど、自分の存在価値を見つけるために、**時には他人の視点を借りる必要もあるのです。**

むしろそれが、私たちが本当に自分の存在価値を理解するための鍵やヒントとなります。

もちろん最後は自分で選び、決める必要があります。

偉業は
成し遂げなくていい

先に結論から言います。

職場で存在価値を出すためには、**すごい能力や特別な経験は必要ありません。**

にもかかわらず多くの人が、偉業を成し遂げることが存在価値を示す唯一の方法だと誤解しています。

私はこの原因は、就職活動の際によく聞く「ガクチカ」（学生時代に力を入れたこと）にあると思っています。

とくに就職活動の自己ＰＲでは、インパクトのある経験を持っていることが評価されると学生は思いがち。

たとえば、文化祭で大きなイベントをリーダーとして取り仕切って成功させたり、バックパッカーで世界一周をしたり、ビジネスコンテストで優勝したりしないと、企業から価値がないと見なされ、お祈りメール（不採用通知）を受けると思い込んでしまっています。

けれど、世の中の人のほとんどはそんな特別な経験やすごい能力を持っているわけではありません。

また、**特別な経験を持って入社した人も、まずは小さな仕事から始めることが圧倒的に多い。**

たとえば、ある企業に新入社員として入社したAさんは、学生時代にバックパッカーで世界一周した経験を持っていました。

しかし、会社に入ると最初に任されたのは、書類の整理や簡単なデータ入力などの雑務ばかり。

このとき、Aさんが、

「俺はこんな仕事をするために入社したんじゃない」

と不満を抱え、その仕事に対してやる気を失ったとします。

結果として、Aさんは上司からの信頼を得られず、存在価値を示すことができなくなるでしょう。

一方Bさんは、Aさんのような特別な経験はしていませんが、与えられた小さな仕事に真剣に取り組み、丁寧にこなしました。

その結果、Ｂさんは上司や同僚からの信頼を得て、徐々に重要な仕事を任されるようになり、職場での存在価値を高めていきました。

こんな話は、どの企業でもすぐに見つかるありふれたものと言っていいでしょう。

職場で存在価値を出すためには、すごい能力や特別な経験は必要ありません。

大切なのは、与えられた仕事に対して誠実に取り組む姿勢です。

小さな仕事であっても、その積み重ねが信頼を築き、結果として存在価値を高めることにつながるのです。

3つの姿勢で勝ちが決まる

私は、どんな人でも存在価値を生み出せると考えています。

それと同時に、**最初から新しい職場で存在価値のある人もほぼいません。**

とはいえ、なるべく早く存在価値を出すことは、多くの人にとって大きな課題でしょう。

私も新しい環境に飛び込むたびに、

「何をどうすれば自分の存在価値を示せるのだろう？　早くみんなに認めてもらわないと、居場所がなくなってしまう」

と悩み、もがいていました。

とくに、転職や新しいプロジェクトに参加する際、なかなか自分の価値を明確に示すことができず、どんどん自信を失ってしまうことも少なくありません。

仕事において存在価値を出せるかどうかは、**あなたの「姿勢」で決まります。**

ここでいう姿勢とは、**「スタンス」「アクション」「フィジカル」**の3つを指していて、それぞれ「仕事に対する姿勢」「行動を起こす姿勢」「身体的な姿勢」を意味します。

第2〜4章でくわしく説明していきますが、どれか1つがあればいいのではなく、

3つとも等しく大切だということを覚えておいてください。

ただし、**ここで残念なお知らせ**です。

3つすべてを身につけるのは、たやすいことではありません。

存在価値を高めるためには、何度もトライ&エラーをするしかないのです。

新しいことにチャレンジする以上、失敗は避けられません。

どんなに失敗したくないと思っていても。

ですが、**その失敗こそが成長の糧となります。**

多くの経験と失敗を繰り返し、そこから学びを得ることで、自分の存在価値を高めていけるのです。

もちろん、本書には私の経験で培った効果的なやり方などを詰め込んでいます。

私はNewsPicksのMCになった当初、何をしたら自分は存在価値を出せるのかがわからず、**見当違いの努力も数多くしました。**

たとえば、番組のMCとして目立ったほうがいいだろうと考え、ド派手なレインボー柄のワンピースを着てみたり、芸能人でもないのにやたらと日常の姿をSNSで公開したり。

周囲はだれも突っ込まず、きっと腫れ物扱いをして、一切触れないようにしたのだと思います。

当時はそれが正解だと思っていましたが、今思えば恥ずかしい経験です。

あなたにはそんな見当違いのことはしないで、最短距離でうまくいってほしい。

同時に、やっぱり自分なりに試行錯誤して、時に失敗もしなければ、存在価値は出ないのです。

トライ&エラーすることをためらわないでください。

失敗なんて案外、だれも気にしていないものです。

第2章

存在価値を
高めるスタンス

自分にできることから貢献しよう

新しい職場や部署に入ったとき、多くの人が感じる不安や緊張。
それは、

「私には何ができるのだろうか」
「自分の存在価値をどのように示せばよいのだろうか」

という問いに直面するからこそ生じるものといえます。
とくに専門知識や豊富な経験を持たない人にとって、この問いは一層重くのしかかります。

存在価値を高めるためにしてほしい最初の一歩は、非常にシンプル。
チームから「ありがとう」と感謝されるような貢献をしようと「決める」ことです。

まず、周囲の人々が持っている高い学歴や専門知識、ユニークな経験などは、一見すると大きなアドバンテージのように見えます。

たしかに、それらを持つことで存在価値を示しやすくなることは否定できません。ですが、それらは一時的なものに過ぎず、時間がたてば価値を失うこともあります。

たとえば、高学歴は社会に出たらその影響力は薄まりますし、アルバイトやサークルでのリーダーシップ経験も、実際の業務とは規模や質が異なるもので、たいした意味はなくなってしまいます。

また、知識や情報も日進月歩で更新され、すぐに古くなる可能性があるといえます。

では、どうすれば存在価値を高めることができるのでしょうか?

存在価値という病を治せるのでしょうか?

そのファーストステップこそ、チームから「ありがとう」と感謝されるような貢献をしようと「決める」なのです。

今、決意をしてください。

貢献するための具体的な手段はここから説明していきますが、まずは貢献しようという強い意志を持つことが重要なのです。

とはいえ、私自身はなかなかこのようには思えませんでした。

狭い門をくぐってプロアナになったというプライドもあったのでしょう。

そんな私がこのように考えられるようになったのは、為末大さんの『諦める力　勝てないのは努力が足りないからじゃない』という本を読んだことがきっかけでした。

この本を読み、諦める力とは「目標」は変えずに「挑む方法」を変えることだと学んだのです。

当時の私の目標は、「プロアナとして存在価値を出す」というものでした。

ただ、現実の私はスキルも自信もなかったので、そんなできない自分を受け入れて、スキルを磨く努力を続けたまま、**周りに貢献してチームから「ありがとう」と言ってもらえる努力もする**ようにしました。

つまり、存在価値を出すという目標はそのまま、挑み方を変えたのです。

何者でもない私にできることなんて、これくらいしかありませんでした。

これは、番組作りに限ったことではないでしょう。

ほとんどの仕事はチーム戦なのです。

存在価値に悩むあなたは、過去に自分の価値が認められなかったり、存在価値をへし折られたりした経験をお持ちでしょう。

仕事で失敗したり、これまでとはまったく勝手の利かない環境に入って凹んだり、希望を胸に抱いて飛び込んだ職場でうまくいかなかったり……。

そういった挫折経験がなければ、存在価値に悩んだりしません。

何事も順風満帆でうまくいっている人は、自分に存在価値がないとは思わないのです。

悩んでいるからこそ、存在価値のある自分になりたかったり、価値を取り戻したかったりして、**でもどうすればいいかわからず、この本を手に取ったはず。**

しかし、失敗や困難を経験したからこそ、私たちは成長し、強くなれるのです。

ここで強調したいのは、「自分にできることから貢献しようと決める」ことが存在価値を高めるためのファーストステップということ。

スキルも経験も、後からついてきます。

それよりも、**この決断を今、この場ですることこそが、あなたの存在価値を高めるための最も重要な一歩となる**のです。

論破すな、生産せよ

スマートフォンを開けば、無限のコンテンツが私たちを待ち構えています。

SNS、ニュース、動画、ゲーム……、指先一つで世界中の知識や情報にアクセスできる便利さを享受する一方、際限なく続く情報の波に、私たちは今、溺れそうになっているといえるでしょう。

「論破すな、生産せよ」

これは2022年4月26日に公開された「『個』の時代、22歳はどう生きれば良いのか？」というテーマの討論で、キングコングの西野亮廣さんが発したもの。

今も私の中に残っている言葉です。

ネット上では一時期、賢い人たちが自分の意見を戦わせ、論破する動画が流行しました。

哲学者や評論家たちが鋭い言葉で互いの主張を切り崩す様子は、まるで知的な格闘技のよう。

それを見ていると、**なんだか自分まで賢くなったような錯覚に陥ることも。**

私も夢中になって視聴していた時期がありました。

ですが、**論破動画を何百本見ても、私たちの現実は何も変わりません。**

私たちの人生には何の進展もないのです。


知人から聞いた話があります。

ある起業塾では、志高い参加者たちが集まって熱心に、

「成功するビジネスプランをどう作るか」

「どうやってマーケティングを展開するか」

「資金をどうやって集めるか」

などを話し合ったり、学んだりしているそうです。


けれど驚くべきことに、その塾からは実際に起業する人がほとんど出ていないといいます。

なぜなら、情報の罠に陥ってしまっているからです。

情報収集には際限がありません。

情報を入手すればするほど、「もっと学ばなければ」「もっと準備が必要だ」と考え、行動を永遠に先延ばしにしてしまうのです。

25歳の私はしがないモデルでしたが、ある日、ネット番組『WEEKLY OCHIAI』を見ていて、たまたまアナウンサー公募の情報を目にし、一念発起して応募し、チャンスをつかむことができました。

もしもあのとき、

「アナウンサーになるんだったら、まずはアナウンス学校に通って基礎的な発声法とかを身に着けてから応募しないと」

などと思って行動していなかったら、私の人生はどうなっていたでしょう。

いまだにどこかでくすぶっていたことは間違いありませんし、本をこうして書いているとも思えません。

「論破すな、生産せよ」

この言葉を私なりに解釈すると、こういうことです。

インプットに溺れるな。
アウトプットせよ。

頭でっかちになるな。
手と足を動かせ。

もちろん情報収集も大切です。
けれど、それは行動するための準備であって、目的ではありません。
知識を詰め込んだその頭を使って、今すぐ行動を起こしましょう。

失敗することでしか
存在価値は出せない

突然ですが、残念なお知らせです。

あなたが今から新しい挑戦や何らかの行動を取ったら、失敗は付きもの。

失敗は、成長や成功するためにはだれもが経験することであり、不可欠なプロセスです。

絶対に失敗を避けることはできない。

だからといって、**「失敗なんてしたくない!」などと、失敗を恐れるあまりに挑戦自体を避けてしまうと、成長の機会を逃してしまいます。**

失敗を重ねることでしか、本当に価値のある経験や知識を得ることはできません。

その経験こそがあなたの存在価値を出すのです。

もしかしたら、

「成功者って、そんなに失敗しているの？　みんな失敗しないでうまくいったから大成功しているんじゃないの？」

と思った人もいるかもしれません。

ですが、大成功している人にも失敗経験は必ずあるのです。

しかも、**信じられないくらいの大失敗も。**

たとえば、ソフトバンクグループの創業者、孫正義氏も数多くの失敗を経験しています。

彼は若いころからビジネスに対する野心を持ち、多くの挑戦を実行してきました。

その道のりは決して平坦ではありませんでした。

孫氏はさまざまなビジネスに投資を行い、多くの失敗も経験しています。

その中でもとくに有名な失敗の一つは、インターネットバブルの崩壊時に巨額の損失を出したこと。

驚くことに、**ソフトバンクの時価総額が20兆円から2800億円、つまり約70分の1にまで下がった**のです。

当時の株主総会で彼は「ペテン師」「犯罪者」「嘘つき」「泥棒」と糾弾されています。

ですが孫氏はその経験から学び、さらなる挑戦を続けたことで、現在のソフトバンクグループの大成功を築き上げたのです。

また、ユニクロを運営するファーストリテイリングの創業者、柳井正氏もまた、多くの失敗を経験しています。

柳井氏は、父親から家業の衣料品店を引き継ぎました。

けれど、彼が会社を引き継いだ直後、経営方針の違いやリーダーシップスタイルに適応できないなどの理由で、**1人を残して全社員が退職してしまった**のです。

普通だったらそこであきらめてしまうでしょう。

ですが柳井氏は、この失敗から多くを学び、その後の成功へとつなげ、今では日本を代表する「世界のユニクロ」となっています。

失敗を恐れることなく行動を起こし、**試行錯誤を繰り返すことが重要**です。

成功した人物たちも、数多くの失敗を経験していますが、その中で得た教訓や経験が、彼らの成功を支えています。

失敗を恐れるあまり行動を起こさないことは、自分自身の成長を妨げるだけでなく、貴重な経験を得る機会を逃してしまうのです。

どんなに失敗したくなくても、行動すれば失敗は避けられません。

成長したいなら、恐れることなく繰り返し挑戦し続けることが大切です。

そうやって**失敗から学び、再び立ち上がることで、自分の存在価値を高めることもできます。**

孫正義氏や柳井正氏のような成功者たちも、数多くの失敗を経験し、それを乗り越えて成功を収めています。

私たちも彼らのように、失敗を恐れずに行動し、挑戦を続けることで、自分の存在価値を高めていきましょう。

とにかく腐らない

仕事がつらくて辞めたくなること、ありますよね？

でも、その気持ちを乗り越えていった先にしか、あなたの存在価値を出すことはできません。

新卒者の約3割が3年以内に会社を辞めるといわれています。

「この仕事、自分に向いていないな」

と思ったらすぐに退職してしまう人が多いようです。

ですが、**自分の存在価値を高めたいなら、簡単に辞めてしまうのは避けるべき。**

もちろん、モラハラ上司やブラック企業のような職場であれば話は別。

そうならすぐに辞めるべきですが、それ以外の理由であれば、もう少し踏ん張ってみることをおすすめします。

辞めずに続けることで、次第にその仕事や活動が楽しくなってくることがあります。

また、続けることで最終的には良い結果が得られることのほうが多いのです。
J．K．ローリングの『ハリー・ポッター』シリーズの出版に至るまでのエピソードは、続けることの重要性を示す代表的な例でしょう。

J.K.ローリングは、シングルマザーで経済的に厳しい状況にありながら、『ハリー・ポッター』の執筆を続けました。

手書きの原稿を書き上げ、何度も出版社に持ち込みましたが、10社以上から拒否されてしまいます。

それでも持ち込みを続けていると、ある小さな出版社が彼女の原稿に興味を示しました。

その編集者は、原稿を自分の娘に読ませ、娘がその物語に夢中になったことから、出版を決定し、1997年に『ハリー・ポッターと賢者の石』が出版され、瞬く間に世界的な大ヒットとなりました。

その後のシリーズも次々と大ベストセラーとなり、映画化もされ、**全世界で4億部以上が売れるベストセラー**となったのです。

もし、彼女があきらめて途中で続けるのをやめてしまっていたら、『ハリー・ポッター』シリーズは誕生していないのです。

私自身も何度も挫折しましたが、それでも続けることを選びました。

とくに辞めたくなったのは、やはり視聴者からのコメントでした。

「パスを誘導するのが司会者の役割の一つだと思うんですが、**司会者が合いの手を入れるだけの物見代表みたいな役割になっている点が気になります**」

など、自分でも気にしていたことが図星を突かれたときはとくに……。

当時は、

「このポジションは合ってない」

「ってか、私の本当にしたいことじゃないかも」

「つらいし、もう限界」

というように、**知人や友人を呼び出しては何度も話を聞いてもらったり、時には大いに泣いたりした**ものです（しかもメッチャ深夜に……すみませんでした）。

辞めないでいられたのは、つらかったときにつらいと言える人がいたことが大きかったと思いますが、そうやってどうにか番組を続けた結果、ＭＣを務めていた番組の卒業回では、トークテーマから何から自分でプロデュースさせてもらえることに。

私が目指したのは、番組初期からの視聴者が、「最高の回だった！」と言ってくれるもの。

それに加えて、NewsPicksファンのためになるだけでなく、NewsPicksスタッフや社員の方々のためにもなる内容にしたかったのです。

そして、番組のラストでスタッフたちを感動させて泣かせることも目指しました。

一番はじめに私が提案したテーマは、**「NewsPicks現象とは何だったのか？」**。

NewsPicksがサービス開始10年記念ということで、この10年を彩った論客に来てもらい、「NewsPicksが巻き起こした社会現象、炎上も含めて、何を伝えたかったのか？　そしてこれからどこへ向かうのか？」を議論するという企画書を出しました。

最終的にテーマは少し変更となったものの、これまで応援してくれた視聴者、期待してくれたスタッフやプロデューサー、出演していただいたゲストの方々、その全員の期待を超える神回を作るべく、挑みました。

5年前は、存在価値も出せず、人の顔色ばかりうかがって自信も失っていた私。
けれど、自信のない自分がずっと嫌だった。
後述する堀江貴文さんの著作にあるように、「小さな成功体験の積み重ねが自信を作る」のなら、この最終回を絶対に成功させて、嫌いだった自分に1つ、プラスを与えたい。

もう自分で自分を裏切りたくない！
自分の価値はそこにあるんだ！

と何度も自身を奮い立たせました。

その結果、放送後の反響はこれまでにないほど大きく、**番組観覧客数はコロナ開けで過去最高動員数を記録。**

「久しぶりに100点満点の番組だった」
「格闘技とドキュメンタリーを同時に見ているようだった」

「奥井さんが成長する姿を見て、人の可能性を感じ、勇気づけられました」
「最終回の場回し、かっこよかったです」

などのうれしいメッセージを数多くいただくことができ、1つ上のステップにのぼれた気がしました。

ちなみに、ラストだけは思ったようにいかず、**スタッフではなく私が感動して大号泣するという結末。**

とはいえ、これもみな、とにかく辞めずに続けたことによって得られた感動だと思っています。

仕事がおもしろくなかったり、つらかったり、「これは自分のやりたいことじゃない」と思ったりするのも、やれることがまだ少ないから。

仕事ができるようになるまで続けてみる。

そうすると、意外なおもしろさ、楽しさ、自分の能力に気づけることも多いでしょう。

続けることで得られる成長や達成感は、何物にも代えがたいもの。

困難に直面したときこそ、辞めるという選択肢を除外し、アドバイスを受け入れたり、努力の方向性を変えたりしながら続ける道を選びましょう。

この本を参考に、どうか腐ることなく、続けていただければうれしいです。

上司のために仕事をするな

仕事の目的を見失っていませんか？

あらゆる仕事において、顧客を喜ばせる視点を持つことは非常に大切で、これだけであなたの職場での存在価値は高まると言っていいでしょう。

逆にいうと、それくらい難しいことでもあるのですが、**まず「私はだれのために仕事をしているのか」を明確にすることが必要なのです。**

クライアント、ユーザー、読者、他の社員など、人によって異なりますが、自分以外のだれかを喜ばせるために仕事をするという視点を持ってください。

仕事というのは、常にだれかを喜ばせるためにあるもの。

自分のためでもなく、もちろん上司のためでもありません。

最終的には、だれか他人のために行うものなのです。

この「だれか」が明確でない人は、仕事の方向性を見失ってしまいがち。

仮に喜ばせるべき相手と上司の意向が対立する場合でも、最終的には喜ばせる相手を優先することが重要です。

なぜなら、その相手が満足しなければ、ビジネス自体が成り立たないからです。

ちなみに、まずは目先の相手のためですが、その行動はその先にある社会を喜ばせる（＝良くする）ことにつながります。

私がNewsPicksの番組を担当していた初期のころは、生放送番組のMCとして、

「カンペに書かれている通りの質問をして、その場を回せばいい」

「時間通りにコーナーを進めれば、怒られずにすむ」

というふうに漠然と考え、最低限の仕事をこなしていました。

また、番組に関わる人（ゲスト、制作スタッフ、上の人、スポンサー）の顔色ばかりうかがっていて、

「こんな質問をして、ゲストに嫌われてしまうかもしれない」

「うまく話をカットインできなくて、有名人を怒らせてしまったらどうしよう……」

「尺が長くなるけど、最後まで話を聞かないと」

などといつも不安になっていました。

そのころは、視聴者からはもちろん、スタッフからの反応もよくありませんでした。

「この仕事はだれのために存在するのか？」

などまったくわかっていなくて、**ただただ「怒られたくない」という目的で仕事をしていたのです。**

しかし、ある方から、

「もうそのゲストとは一生会わないかもしれないんだから、本番では込み入った質問もどんどんしてください。視聴者はそういうのを求めているんです」

とアドバイスを受けました。

この言葉が、私の姿勢を大きく変えるきっかけになったのです。

それ以降、**「視聴者が本当に求めていることは何なのか」に重点を置き、徹底的に調べ、考えるようになりました。**

たとえば、視聴者のコメントやフィードバックには必ずすべてに目を通し、どのような情報や視点が求められているかを把握するための「ひとりミーティング」を実施。他にも、「こんなこと聞いてください！」と番組告知コメントに書かれていたらさりげなく聞いたり。

また、放送終了後にはｎｏｔｅにまとめを書いて議論の流れを反省したり、５人くらいの飲み会を開いてはＭＣの練習もしました。

そんなことを繰り返した結果、視聴者から、

「今回の奥井さんは、これまでにない鋭い質問で、ゲストの本音を引き出してくれている」

「視聴者の疑問にしっかり答えてくれている」

という声が増え、ＳＮＳでも番組への関心が高まり、視聴者からのコメント数も増加しました。

番組の評価が上がるとともに、ゲストからも、
「奥井さんに話したくなる！」
というフィードバックをいただくことも増えました。

私が自身の存在価値も再認識できるようになり、自信を持って仕事に取り組めるようになったのは、こうやって視聴者のために仕事をするようになってから。

最終判断は私がおもしろいと思ったものを信じることですが、**視聴者に寄り添い、彼らのニーズを第一に考えることが、最終的には番組の成功につながるのだと実感しました。**

このように、自分の存在価値を出すためには、「だれのために仕事をしているのか」をハッキリさせて、その人を喜ばせることを常に意識することが大切です。

その相手は、一人ひとりの仕事によって違ってきますが、クライアント、ユーザー、読者、大切な人など、具体的な「だれか」を設定し、その人を喜ばせるために全力を

尽くすことが、最終的にはあなた自身の存在価値を高めることにつながります。

自分の顧客を喜ばせる仕事をしているかどうか、そしてそのために必要な判断をしているかを常に見直し、実践していくことが求められているのです。

私は気づくのが遅かったけれど、結果を出している人と一緒に仕事をする機会が多くなった今、成功者ほど、この**「仕事は顧客のためにする」**ということが根底にあると感じています。

大切なのは、与えられた仕事を誠実に取り組む姿勢

「こんな雑務、だれがやっても同じじゃないかな」

そんなふうに思ったことはありませんか?

ですが、**雑務や雑用といった小さな仕事こそ、大きな信頼を生むもの。**

自分に与えられた役割をしっかりと果たすことが、職場での存在価値を高めるための基本です。

とくに新しい職場や部署に入ったばかりの人にとってはなおさらです。

その際、自分のやりたい仕事よりも、まずは与えられた業務を完遂することが重要となります。


「こんな仕事やりたくて、この会社に入ったんじゃないんだけどな……」

などと今、考えている人もいるかもしれません。

でも、まずはあなたに求められている役割を果たし、上司や同僚から信頼を得ることが先決。

そうやって信頼を得ることで、**次第に自分の希望する仕事を任せてもらえるように**

なります。

今は自分のやりたいことをいったん脇に置き、与えられた役割を全力でこなす必要があるわけです。

たとえば、会議で議事録を取るのは新入社員によく与えられる仕事でしょう。議事録は一見簡単な仕事に見えますが、会議の内容を正確に記録し、後で参照する際に役立つように整理することは案外大変で、重要な役割なのです。

逆に言えば、議事録をしっかり取ることで、チーム全体に貢献することとなり、信頼だって得られる。

つまり、**あなたの存在価値を出せる**のです。

私も番組メインMCからツイッターを読む役に代えられたとき、最初は、「ツイートなんて、だれが読んだって同じだろう。もっと重要な役割を与えてほしい」などと不満をブツブツと口にしていました。

とはいえ、何もしないのも良くないと思い、ボイストレーニングに通い始めることにしました。

ラジオパーソナリティの経験もあるボイトレの先生からは、

「**だれが読んだって同じなんてことはありません。**ツイッターでコメントを下さる人の気持ちを考えながら読むといいですよ」

と教わりました。

気持ちを考えながら読む、とは、ツイッターコメントに書かれている行間や語尾のニュアンスを、そのまま一言一句丁寧に読み上げること。

そうすることで、視聴者の気持ちを代弁しやすくなるのです。

「こっちのほうが受け手に伝わるかな？」

と思って勝手に短縮して読むと、かえって逆効果になります。

「コメントをはしょらず全部読んでほしかった」

というフィードバックをいただいたことも（すみませんでした）。

トレーニングに通い始めてから、怒っているコメントは怒りを込めて、悲しいコメントは悲しそうに読むことで、コメントに色をつけることができるようになりました。

そうしてわかったのですが、どのツイートを読むか、読むタイミング、読み方によって議論の盛り上がりが左右されるのです。

そのことを実感してはじめて、

「だれがやっても同じだと思っていたけど、これも重要な仕事なんだ」

と心の底から腑に落ちたのです。

仕事を頼まれるとき、上司も周囲の人もいちいちその仕事の意味や役割を教えてくれるわけではありません。

ここで「伝えてくれないのが悪い」と考えるのではなく、**あなたが能動的に動くことが求められます。**

その仕事の目的を自分なりに考え、納得できるまで掘り下げることで、その重要性が自然と理解できるようになるでしょう。

すると、小さな役割と思っていた仕事が、実は重要なのだと気づくことも多いはず。

また、後述しますが、周囲の人に役割を聞くというのも一つの方法です。

いずれにしても、**その仕事に全力で集中することで存在価値を高められる**のです。

現在の役割がどれほど小さく思えても、それを全うすることであなたの存在価値が認められ、次第に大きな仕事を任されるようになります。

なので、やる気をなくさないでください。

雑用だと思えるような仕事でも、チームに貢献し、自分の存在価値を高めることができるのですから。

謙虚は二の次

「謙虚は日本人の美徳」なんていわれることが多いのですが、仕事の場ではもう古い考えでしょう。

謙虚さはいりません。

雑務や雑用は嫌がる一方で、今の自分には荷が重い仕事を依頼されたとき、自分のスキルが不足していると感じたり、失敗した責任を取りたくなかったりして、「できません」と答える人も少なくない。

「自分にやれる仕事だけを確実にこなして、絶対に失敗しないようにしよう」

このように考えている人も割と多くいるのです。

けれど、そんな姿勢では**いつまでたっても存在価値は高められない**でしょう。

仕事ではむちゃ振りが付き物。

もしそこで、

「あ……、それは私には無理です。できません」

などと断ってしまうと、存在価値を示す絶好のチャンスを逃してしまいます。

上司や会社は、時にあなたにとって難しい仕事を振ってくるもの。

その際に謙虚すぎる態度では、せっかくの急成長の機会を逃してしまうのです。


今のあなたの力では難しいかもしれない仕事を振られたときでも、

「できるはず！　ダメだったとしても、失敗は大人の成長痛！」

と自分に言い聞かせて、

「やります！」

と応じましょう。

もちろん、仕事を引き受ける以上は責任も伴います。

でも、責任が伴うから人は大きくなれるのです。

求められる結果を出すために必死で努力をするのです。


と言いつつ、私も以前は謙虚が美徳だと信じ、自分の力量以上のことにはチャレンジしないようにしていました。

「どうせ私なんて」

が口癖になっていたのです。
けれどそんな自分をやめて、90点の仕事を求められたときに、たとえ60点しか取れていなくても、「やります！」と答えるようにしました。

最近も、こんなことがありました。

私は少し前に健康・ヘルスケアを扱う会社を立ち上げたのですが、その発端は、

「予防医学を普及させるためのメディアを作りたいんだけど、奥井さん、できますか？」

と知人から頼まれたこと。

私はただのアナウンサーで、用意された舞台に「出役」として出ることが常。

なので最初は、

「無理そうですし、やったこともないので、できません」

と断るつもりでした。


ですが、経験のないことや難しそうなことに対して、

「私なんかがやってもできない」

と、**毎回及び腰になっていた自分が嫌い**でした。

そんな過去の自分を払拭したかったのと、予防医学を普及させるというテーマに賛同したこともあり、**「エイヤ！」の精神で引き受け、起業したのです。**

会社経営は大変ですが、最近はクライアントが出資しているヘルスケア商品を紹介する対談動画を作ってほしいと発注を受け、それに紐づく動画の企画から収録、編集の指示まで任されています。

もちろん、機材や撮影など、物理的に1人ではやれないことは外注していますが、受注制作以外にも、自分が探索したいテーマについての撮影をするなど、試行錯誤の日々ですが、毎日楽しく仕事をしています。

「失敗が怖い」「責任を取りたくない」という気持ちもわかります。

「大勢の人に迷惑をかけるかもしれない」と考えるのも理解できます。

けれども、「謙虚にいこう。確実にやれることだけやっていこう」という考えでは、**いつまでたっても今のままです。**

今のあなたに満足できなくて、この本を読んで、「ガチで存在価値を高めてやる！」と考えているはず。

今のあなたを変えたいなら、謙虚を捨てましょう。

「責任もリスクも負わない箱入り娘の人生」と、「痛みは伴うけれど、レベルアップする人生」なら、私は後者を選びます。

仕事は「準備」が9割

私は「仕事は準備が９割」だと信じています。

それくらい準備することは重要。

なぜなら、入念な準備をすることで、

「これだけ準備したんだから、絶対に大丈夫。私はやれる」という自信が生まれるからです。

その自信が、仕事の成果を左右する大きな要因となります。

そして、その準備の努力は周囲に伝わり、あなたの存在価値にもつながるのです。


とはいえ、仕事は準備が９割だと思うようになったのは、数々の失敗を経験してから。

準備の大切さをまだ理解していなかったころ、私は痛い目に遭いました。

番組でゲノム解析についてのディスカッション中、不妊治療の話題になりました。

突然、ＭＣの古坂大魔王さんから、

「奥井ちゃんは不妊治療についてどう思う?」

と振られたのです。

自分に聞かれるとは考えていなかったため、とっさに、

「こういうテクノロジーが進歩することで不妊に悩まなくなるから、進歩はすごくいいことなんじゃないですか。ははは」

と軽率な発言をしてしまいました。

番組終了後、ネット上で私に対する批判が巻き起こり、

「あいつは不妊で悩んでいる人の気持ちを考えていない」

「あなたは若くてまだいいけど、高齢出産になる人は、まさに今、悩んでいるんだ」

などと非難を浴びました。

この日のテーマをもっとしっかりと調べて準備しておけば、きっとこのような発言はしなかったでしょう。

いまだに悔やんでいます。

このような経験をしたこともあり、私はとくに準備に力を入れるようになりました。

出演者の持論や意見を徹底的に調べ、彼らの著作を読み、関連するサイトや動画を可能な限りチェックし、それらの情報をスプレッドシートにまとめ、収録当日に備え

るようになったのです。

すべての準備が直接役立つわけではありませんが、準備をすることで自信を持って議論を進めることができました。


とはいえ、**どんなに準備をしても、すべてが計画通りに進むわけではありません。**

想定外のことが起こるのが仕事の常。

大切なのは、どれだけちゃんと準備をしても、**その準備の範囲を超える出来事も起こるのだと想定しておくこと。**


たとえば、NewsPicksで注目を集めたニュースを堀江貴文さんの視点で深掘りする「HORIE ONE」。

そのニュースが膨らむかどうかは堀江さん次第です。

番組は毎回、堀江さんに「気になったニュースはありますか?」と尋ねるところから始まります。

堀江さんの回答次第で、制作側が用意していなかったテーマに切り替わることもあります。

2019年12月7日に公開された「ユーザベースとTBSの提携に物申す」の回のこと。

その2日前に、株式会社ユーザベース（NewsPicks の運営企業）と株式会社東京放送ホールディングス（TBS）が資本業務提携を行いました。

この回は緊急企画として行われ、ユーザベースとTBSの資本業務提携に関するワントピックを扱い、「NewsPicks の映像コンテンツがTBSとの提携でどう変わるのか？」というテーマに急遽変更されたのです。

もともとのテーマは「【ホリエモン×茂木健一郎】2020年の日本を大予測」というもの。

脳科学者の茂木健一郎さんが対談ゲストとして登場し、「日本の科学技術のこれから」「日本がITで勝てない理由」「空気を読みすぎるわけ」などについて話す予定でした。

なので、私は事前に茂木さんの著書や、堀江さんと茂木さんが過去に行った対談を読み込んでいたのです。

他にも、2人が日本のIT産業や科学技術においてどのような意見を持っているのかを調べ、さらに日本の未来予測について書かれた記事も、手に入る限り目を通して準備をしていました。

しかし、業務提携のニュース発表後、それに対する堀江さんの辛辣なコメントによって、収録日の2日前に収録テーマの方向性が大きく切り替わることになりました。堀江さんがこの提携ニュースに対して意見を持っていたため、それを視聴者に直接届けることが重要だと判断したのです。

もちろん現場は大変でしたが、この柔軟な対応によって、視聴者の関心を強く引きつけることができたといえます。

視聴者からのフィードバックも非常に好評で、「堀江さんの熱量が伝わってきた」「今回の話は、ビジネスを進める上でとても参考になった。学びが多かった」といったコメントが多数寄せられました。

このように、**しっかりと準備をしながらも、状況に応じて柔軟に対応することで、**

番組の質を高めることができたのです。

この回以外にも「HORIE ONE」は、毎回のようにトークが予想外の展開になり、用意していた企画と全然違うものに変わることが多々ありました。

けれどそんなときこそ、しっかりと準備をしてきたことが私に自信を与えてくれました。

準備は裏切りません。

どれだけ準備をしても、すべてが計画通りに進むわけではありませんが、準備をすることで、予期せぬ事態にも柔軟に対応することができるのです。

また、準備をしている姿勢や努力は周囲に伝わり、あなたの存在価値を高める要因となります。

仕事は準備が９割なのです。

第3章

アクションがなければ宝の持ち腐れ

行動しないと何者にもなれない

「はじめに」にも書いたように、「何者かになって大きなことを成し遂げ、バリューを出さなければならない」と悩み苦しむ現代病を患っている人が多いといえます。

ここで間違ってはいけないのは、**「結果を残した人」が「何者か」になれるのであって、その反対はありえません。**

何もしていないのに、何者かになれるわけではないのです。

にもかかわらず、順番を逆にしてしまっている人が少なくないのです。過去の私も含めてですが。

口先だけで「いずれ大きなことを成し遂げます」と大言壮語を吐いても、動いて結果を出さなければ絶対に実現しません。

そんなことをしている時間とエネルギーがあるなら、正しく努力をすることに使ってください。

それは、**SNSで肩書を並べるでもなく、偉人の名言でバズるでもなく、だれかにこびへつらうでもありません。**

行動して結果を出すことです。

そのためにも、何者でもないあなたは仕事を選んではいけません。

何でもやってください。


雑用やお使いなど、一見だれにでもできると思われがちな仕事も、チームに貢献する大きなチャンス。


たとえば資料のコピーを任された場合でも、きれいにコピーを取り、見やすいように整理して渡すなど、工夫次第で大きな違いを生むことができます。

単なるコピー取りではなく、ホッチキスで留める、順番を整えるなど、細かい配慮をすれば、より評価につながるでしょう。


私が担当していた「The UPDATE」でのこと。

この番組では、毎回最後にゲスト約5名が自分の意見をフリップに書いて発表することになっています。

その日は、フリップの答えを隠すために貼られているめくり紙が非常に汚れていました。

番組のクライマックスともいえるシーンで使う大切なフリップなのに……。

あらかじめゲストが答えを書き入れたフリップに、めくり紙を貼るのは新人の仕事でした。


これは一見すると小さく簡単な雑用に見えるでしょう。

ですが、そういう仕事をおろそかにした結果、スタッフからは、

「あいつはいい加減な仕事をしているな」

と思われてしまうのです。


一度貼られた悪いレッテルは、なかなか取れません。

だからこそ、雑用仕事でも小さな仕事でも手を抜かず、きちんとやることが重要なのです。


また、今後はもしかしたら、今のあなたにはできなそうなことを頼まれるかもしれません。

そんなときこそ、少し背伸びをして、

「やります！」

と伝えて動いてみてください。

NewsPicksを辞めた私は今、知人に頼まれてゼロから会社を起ち上げ、新しいスタートを切りました。

あなたと同じ、挑戦者なのです。

ともにアクションを起こして、結果を出していきましょう。

やるか、
やらないか

どんなにスキルや経験があっても、**最終的には「やるか、やらないか」で決まります。**

テレビ局のアナウンサーは、入社後に徹底的なトレーニングを受けてアナウンススキルを身につけます。

けれど私は、オーディションに合格後、多少はトレーニングをしたものの、たいしたスキルもないまますぐに番組に出ることになりました。

当然、他のアナウンサーのようなアナウンススキルはありません。

私はしばしばテレビ局のアナウンサーたちと自分を比較しては、落ち込んでいました。

「自分はスキルも経験もない」

と。

ですが、結局のところ、それは関係ありません。

どんなにスキルがあっても、やらなければ無駄です。

逆に、何も持っていなくても、やること自体が価値を持つのです。

つまり、行動することが最も重要であり、それだけで存在価値が生まれます。

やらなければ、せっかくのスキルも経験も宝の持ち腐れになってしまう。

スキルや知識があっても、それを活用しなければ意味がありません。

行動することではじめて、それらの価値が発揮されるのです。

……と、エラそうにしてしまいましたが、私にこのことを気づかせてくれたある出来事があります。

２０２０年９月15日、NewsPicksの「The UPDATE」で「ジョブ型雇用は日本人を幸せにするのか？」というテーマの回がありました。

ちなみに「ジョブ型雇用」とは、特定の職務や役割に対して労働者を雇用する形態であり、労働者のスキルや知識に基づいて評価や昇進、給与が決定されるというものです。

その当時、私はアナウンサーとしてのスキルに悩んでいて、「ジョブ型雇用の時代になったら、**なんのスキルもない私は社会から必要とされなくなるのではないか**」と思い、その収録はあまり気乗りがしていませんでした。

そんな番組内で、ゲスト出演していたユニリーバ・ジャパン・ホールディングス取締役・人事総務本部長（当時）の島田由香さんに私の不安を打ち明けたのです。

すると島田さんは、

「スキルの有無なんて関係ない。やるかやらないかだけ。だから大丈夫。やればいいだけだよ」

と励ましてくれました。

その言葉があまりに心に響き、私は進行を忘れて大号泣してしまいました。

それ以来、だれかと比べたりせず、とにかくやろう、やるしかないと心に決めたのです。

その結果が今の私につながっていると言っても過言ではありません。

大切なので何度も繰り返します。
結局は、やるかやらないか、だけです。
スキルも経験も知識も関係ありません。
何も持っていなくても、行動することで価値が生まれます。
だから、まずは一歩踏み出してみましょう。

行動することで、必ず何かが変わります。

やれば自信も存在価値も後からついてきます。
やればいいだけ。

「今月、私は
給料分以上の働きを
しましたか？」

職場で自分の存在価値に悩む人は、そこでどんなことをすれば存在価値を出せるのか、具体的にわかっていない場合も多いはず。

わからないならどうすればいいか？

答えはシンプル。

人に聞きに行けばいいのです。

なのに、これがなかなかできない人も少なくありません。

「聞くは一時の恥、聞かぬは一生の恥」ということわざがあります。

これは、わからないことを聞くのは、その場は恥ずかしいかもしれないけれど、聞かずに知らないままでいると、その後もずっと恥をかくことになる、という意味です。

実際には多くの人がこのことわざ通りに行動できません。

私自身もそうだったから、よくわかります。

なぜなら、**プライドが邪魔をする**のです。

私は、「オーディションを勝ち抜いた１０００万円プレイヤー」というプライドが無駄にありました。

そんな肩書で入社したアナウンサーが、

「自分の役割がわかりません。何をしたらいいですか?」

なんて聞くのは恥ずかしいことだと感じていました。

そんな初歩的なことは知っていて当然だ、と周囲から思われていると考えてしまい、自ら進んでそのプライドを傷つける行為は避けたかったのです。

自分で傷口に塩をなすりつけたいはずないですよね。


ですが、今ならわかります。

一刻も早く聞きに行くべきだったのです。

そうやって**行動を起こせば、周りの人は応えてくれる。**

見知らぬ人に道を聞かれて、道のりを知っているのに応えない人はいないでしょう。

むしろ「自分に聞いてくれたんだ」と感じて、少しうれしくなったりしませんか。

人間は質問や悩みを相談されると、ちょっとした喜びを感じ、真剣に考えて答えたくなるものなのです。

ここで１つ、すぐに実行できるアクションを提案します。

これは友人で『小さく分けて考える』などの著作もある菅原健一さんに教えてもらったものです。

菅原さんは20代のビジネスパーソン数十人に、**「今月、私は給料分以上の働きをしましたか？」と給料日になったら上司に質問してみる**ことをすすめたそうです。

これを尋ねることで、上司はイエス・ノーにとどまらず、もっと突っ込んだ仕事の具体的な話のフィードバックもくれるでしょう。

あなたも次の給料日になったら、ぜひやってみてください。

ちなみにおもしろいことに、**実際に上司に聞きに行けた人は、上司の答えに関わらず全員が出世した**のだとか。

ここでも「やるか、やらないか」の明暗が分かれていますね。

本気で行動する者には
本気で応えてくれる

２年ほど前のこと。

ツイッターを開くと、中学３年生からダイレクトメッセージが届いていました。

「地元の高校には行かず海外に留学したいけれど、親に反対されています。奥井さんはどうすればいいと思いますか？」

という内容でした。


「なぜ私に？」

と思ったのですが、文面が短くて詳細がわからなかったのと、相手が本気かどうかを確かめるために、

「都内まで来れるのなら、会って相談に乗りますよ」

と返信しました。

すると、**本当に彼は都内にやって来たのです。**

彼の本気度が伝わってきたこともあり、彼の親へのプレゼン方法を渋谷のサイゼリヤでミラノ風ドリアをほおばりながら一緒に考えました。

そんな彼は今、念願かなって海外留学をしています。

もしあなたが本気で行動したら、相談される側も本気で答えてくれるのです。

自分は何をすれば貢献できるか、どんな役割を求められているのか、など、**答えを持っているであろう上司や周囲の人に聞いてみてください。**

きっとその人たちはちゃんと答えてくれるはず。

ちなみに、私が自分の役割について悩んで番組プロデューサーに相談したところ、当時日本テレビ「スッキリ」の司会をしていた極楽とんぼの加藤浩次さんの現場に行くように言われました。

加藤さんは事前打ち合わせで、そのテーマで扱うグラフや数字、データなどに対して、かなり突っ込んで質問していました。

台本を作ったディレクターに何度もデータの数字を確認したり、

「このデータって、ソースはどこからなの？」

などと聞き込んだりしていて、テーマの背景や数字を正確に把握した上で収録に挑んでいたのです。

加藤さんから司会をする上でのテクニックを盗もうと思っていたのですが、そういう技よりも、その回のテーマの裏取りをきっちりされた上で出演されていたのが印象的でした。

「自分がメインＭＣなのだから、何を聞かれても答えられるようにしておこう」

という責任感と覚悟を加藤さんからひしひしと感じたのです。

「自分がこの番組の全責任を取ります」

というかっこよさがありました。

また、現場の制作スタッフに、

「実は今、自分が番組の中でどんな役割を求められているのか、わからなくて悩んでて、加藤さんの現場に行って勉強してこいって言われたんです」

と話すと、

「加藤さんも『スッキリ』を開始してしばらくは悩んでて、**ＭＣを一緒に担当していたテリー伊藤さんに相談してましたよ」**

と教えてくれました。

あの加藤さんでさえ、自分の役割に悩むことがあったのです。
あなたが悩むことなんて、普通のことだから恥じることはありません。
恥ずかしさなんて捨てて、今すぐ聞きに行ってください。

アドバイスを聞くべき人、聞いてはいけない人

仕事で結果を出したかったり、チームに貢献したかったりするなら、上司や先輩からのアドバイスを受け入れることはとても大切。

けれど、だれのアドバイスを信じるべきか、どのようにして受け入れるべきかという疑問が生まれることもあるでしょう。

「人に聞きに行ったほうがいいのはわかったけど、だれに聞けばいい?」

「エラそうな上司がよくアドバイスしてくるけど、なんだか受け入れられない」

このような悩みを持つ人もいるはずです。

たしかに、相手の言うことが正しいのか、受け入れていいものなのか、判断がつかないことも少なくないもの。

アドバイス通りにやって、間違った努力をしてしまうこともあるかもしれません。

そういう心配がある場合、アドバイスを受け入れるかどうかの判断基準として、**「相手をリスペクトできるかどうか」**を基準にしてください。

リスペクトできる人からのアドバイスは受け入れ、それ以外の人からのアドバイスは聞き流す程度で構いません。

リスペクトできない人の意見を聞く必要はありませんし、受け入れられないのになんとなくやってみたところで、効果はないでしょう。

KonMari Methodで世界的に知られるこんまりさんは、片付けの際、「ときめくか、ときめかないか」で物を残すか捨てるかを決めるそうです。

あなたも、「リスペクトできるか、できないか」を判断基準にしてアドバイスを受けるといいでしょう。

すべてのアドバイスや忠告を真に受ける必要なんてないのです。

NewsPicksでの数年間を振り返ると、私の周囲にはリスペクトできる人が多くいました。

たとえば一緒に働いていた佐々木紀彦さん。

彼はまったく忖度しない人でした。

ある収録のとき、その回の番組のテーマを専門とするジャーナリストがいました。その方は番組スポンサーの推薦でやって来たのですが、佐々木さんがそのジャーナリストに基本的な質問をしたところ、そのジャーナリストは答えに窮したのです。

すると佐々木さんは、

「あなた、この分野のジャーナリストですよね？　**なんで今日来ているんですか？**」

と言い放ちました。

スポンサーの関係者は凍りついていましたが、佐々木さんの忖度ない姿勢には多くを学び、私も忖度せずにいかなければ、と感じ、佐々木さんからアドバイスされたことはとくに実行するようにしました。

また、リスペクトしている人からの指摘であれば、**多少の疑問があったとしても一度は自分の中に取り入れる**ことも大切です。

耳に痛いことも言われるでしょうが、それらをすべて跳ね返してしまうと、成長の機会を逃してしまうもの。

違う視点からのアドバイスは、自分では気づけないことに気づかせてくれるため、より大きく早く成長することができます。

芸人のキングコング西野亮廣さんは、今では絵本作家として有名ですが、彼に絵本を描くようにすすめたのは、当時フジテレビ「笑っていいとも！」で共演していたあのタモリさんだそうです。

それまでは、番組のフリップに簡単なイラストを描く程度で、本格的に絵を描いたことなんて一切なかった西野さん。

けれど、一緒にお酒を飲んでいたときに、

「西野、お前は絵を描け」

とタモリさんに言われ、翌日にはペンとスケッチ帳を買いに行ったとか。

そして今では西野さんが描いた絵本は大ヒットして、『えんとつ町のプペル』は映画にもなっています。

もし、タモリさんのアドバイスを受けていなかったら、絵本作家の西野さんは誕生していなかったでしょう。

ちなみに、私がプロアナになり最初にアドバイスされたことは、**「漢字を勉強しなさい」**でした。

言われたときは、

「え？　今さら漢字？　アナウンサーに必要？」

と思ったものの、いざ番組が始まると、ホワイトボードに出演者の意見などを書く機会があり、そこで全然漢字が書けず、すぐに漢字の問題集を買ってきて勉強を始めました。

それ以降も、本やニュースの中で読めない、わからない漢字が出てきたら、すぐにスマホのメモに保存したり、番組で使えそうな慣用句や四字熟語をポストイットに書いてトイレの壁に貼って毎日眺めたりして、いつも漢字の勉強をしていました。

最初はアドバイスに対して半信半疑ではありましたが、結果的に番組を進行する上で大きなプラスになったといえます。

きちんとした人からのアドバイスは、**実行することで1歩も2歩も成長させてくれ**

るということ。

最後に1つ覚えておいてほしいのは、**アドバイスをしてくれるのは若いうちだけ**です。

年を重ねると、だれも怒ったりアドバイスしてくれたりしなくなります。

だからこそ、耳も心も痛くなるけれど、今のうちにリスペクトできる人からのアドバイスをしっかりと受け入れて、自分の成長に役立ててください。

コミュニケーションは「素敵ポイント」探し

コミュニケーション能力の高い人は、チームにとって重要な潤滑油であり、大きな貢献をしています。

彼らはコミュニケーションの中心となり、他のメンバーと良好な関係を築くことで、チーム全体の士気や効率を向上させてくれます。

ただ、コミュニケーションについて語るとなると、それだけで本1冊が必要になるので、興味のある人は書店で探してみてください。

ここでは基本的なポイントに絞って解説します。


まず意識すべきは、会話を弾ませること。

これには、**相手のいいところを見つけて褒めたり、相手に興味を持って質問を投げかけたり、といったやり方があります。**

できる限り一方的ではなく、会話のやりとりを大切にしてほしいのですが、なぜ褒めたり質問したりするのだと思いますか？

自分がいいと思ったから、知りたいからではありません。

褒めるのはもちろんですが、質問するのも、**「相手を喜ばせるため」**なのです。

よいコミュニケーションを取りたいなら、相手を喜ばせることを考えてください。

相手がこだわっていそうなポイントを見つけ出し、そこを褒めたり聞いたりすることで、会話は弾みやすくなります。

多くの人は自分のことを話したいと思っているからです。

「この人はどこに力を入れていて、どう褒めると喜ぶのかな?」

「どんなことを聞かれたらうれしいかな?」

といった視点で相手を見てみましょう。

褒める点や質問が自然に浮かんでくるはず。

ここでおそらく、

「上司のどこを褒めていいかわからない……」

という人もいるでしょう。

そういう人は、**「褒める場所を見つけよう」という視点を持って相手を見るようにしてみてください。**

営業成績や仕事に関連することはもちろんですが、服装や髪型、声、バッグ、ネクタイなど、日常的な要素も褒めるポイントになり得ます。

私はこれを**「素敵ポイント」**と呼び、探し出すのを楽しんでいます。

それが見つかったら相手に伝え、その後は5W1H（だれが、何を、いつ、どこで、なぜ、どのように）を意識して会話を続けましょう。

具体的な質問例として私は最初に、はい・いいえで答えられる質問をして、その後に5W1Hで掘り下げることが多いです。

すると、相手のほうから話をせざるを得ないし、話を広げざるを得なくなるから。

たとえば、新しいプロジェクトについて話す場合は、

「このプロジェクト、もう始まったんですか？」（はい・いいえで答えられる質問）

「いつから始まったんですか？」

「どんな目標を設定していますか?」

「なぜこのプロジェクトが選ばれたんですか?」


このように、シンプルな質問から始めて、徐々に具体的な質問に移ることで、会話を自然に進めることができます。


また、職場の先輩がいつもとは違うスーツを着てきたとしましょう。

そのスーツが似合っていると感じたら、

「そのスーツ、素敵ですね。どこで買ったんですか?」

と質問してみてください。

褒めた後に質問をすることで、会話を自然に続けることができるでしょう。


以前、番組に出演していただいた冨山和彦さん。

JALやカネボウ、ダイエーなど、数多くの企業再生に携わったキング・オブ・再生タスクフォースでありつつ、ジャズ好きという一面もあることを事前に仕入れていました。

収録当日、冨山さんは涼しげなブルーの柄シャツでスタジオに入って来られたので、服装と絡ませて、

「シャツが素敵ですね！　そんな素敵なシャツでジャズの演奏もされるんですか？」

と聞いてみました。

「いやいや。リラックスしたいときにジャズを聴くくらいなんですよ」

と言いつつ少しの間、ジャズについてお話しいただきました。

それによって緊張の現場が緩和される状況を引き出すこともでき、その後の番組を少しだけスムーズに進めることができたのです。

また、投資家の藤野英人さんが出演されたときは、スマホの待ち受け画面がかわいいマルチーズだったのがチラッと見えたので、

「その犬、かわいいですね？　飼ってらっしゃるんですか？」

から一気に愛犬トーク。

もともとは都内のタワマン住まいだったけれど、愛犬と海岸を散歩するために海の

近くに引っ越しをされた話など、投資とは関係ないけれどためになるコミュニケーションを取れました。

経験から言えることは、大御所と呼ばれている方ほど、プライベートな話をすると意外な一面が見えることがあるということ。

その際のポイントは、**心の底から好きそうなこと、自分が素直に聞いてみたいと思ったことを話しかけてみることです。**

ちなみに素敵ポイント探しは「媚びを売る」とは違います。

媚びは自分のためだけですが、素敵ポイントは自分と相手のためであり、**お互いに仕事を進めやすくするためのもの**なのです。

最後に1つ、間違ってほしくないことがあります。

それは、**あまり考えすぎないで、ということ。**

あくまで**雑談を楽しむ気持ち**で会話をしてください。

「会話を続けなければならない」

とプレッシャーを感じすぎると、

「私の話なんて盛り上がらないんじゃないか？」

などと気負ってしまい、逆に話しかけづらくなってしまいます。

まずは軽い気持ちで、相手とのコミュニケーションを楽しむことを心がけましょう。

寝てない人に存在価値はない

仕事をする上で健康がいかに大切か、この点をあまり重要視していない人も多いといえます。

けれど、**肉体的にも精神的にも健康であることは、社会人としての最低限のマナーと言っても過言ではありません。**

たとえば、深夜までYouTubeを見ていて眠いとか、二日酔いで気持ち悪い状態で仕事をするのは、周囲にも迷惑をかけ、自分のパフォーマンスも著しく低下します。

健康管理はしっかりと行い、生活習慣を整えることが基本です。

そのためにも、**規則正しい生活を心がけ、毎日の睡眠時間を確保し、バランスの良い食事を摂ること、それに適度な運動をすること**をおすすめします。

とはいえ、仕事をしているとそれがいかに難しいかも理解しています。

私自身も、健康管理には気を使っていたつもりでしたが、仕事の忙しさに流されて、おざなりになってしまうことも少なくありませんでした。

私が出演していたNewsPicksの番組は終了時刻が遅く、また収録後には反省会も行われていたため、帰宅が25時を過ぎることもしばしばありました。さらに次の日には午前中から定例会議もあったので、十分に眠れないことも多かったです。

そんな中、MCとしてあり得ないことに、喉をつぶして出演したこともありました。

2019年7月9日、「オンラインサロンになぜ人は集まるのか？ オンラインサロン頂上決戦！」というテーマで、当時日本最大級の会員数を誇るキングコング・西野亮廣さん、オリエンタルラジオ・中田敦彦さん、箕輪厚介さんを論客としてお招きし、どのオンラインサロンが1位なのかを議論しました。

観覧客もサロンの陣営ごとに分かれ、普段よりも圧倒的な熱気に包まれながらの収録となり、番組宣伝時から視聴者の反応も目に見えて盛り上がっていたのです。

しかし、私は収録3日前に制作メンバーの歓迎会で夜通しカラオケを楽しみ、喉をつぶしてしまっていました。

「これくらい、収録までには治るでしょ」

と軽く考えていたのですが、本番当日まで完治せず、当日は喉がつぶれたままのだみ声で出演する羽目に。

本当に情けなく、アナウンサーとしても社会人としても失格でした。

プロ意識の欠如した行動をしてしまい、大いに反省しています。

ちなみに、その日が初日だったインターン生の初任務が、スタジオ近くの薬局に行って、のど飴、薬、スプレーなどありとあらゆる喉のケア用品を買ってくること。

そのおかげで少しだけ声が出るようになりましたが、本当にくだらない仕事をさせてしまい、すみませんでした……。


話を戻すと、とくにモチベーションの高い人は、仕事を詰め込みすぎてキャパオーバーになり、それでも休暇を取ることができず、どんどん不健康になってしまいがち。

そんなときの対処法としては、**「もうキャパオーバーです。これ以上は抱えられません」と周囲に伝えること。**

「そんなこと言ったら、相手に迷惑がかかっちゃう……」

などと思う人もいるでしょうが、そのままあなたが倒れたり、倒れなくても最高のパフォーマンスを発揮できなかったら、やはり相手に迷惑がかかるのです。

なので、しっかりと上司や先輩に伝えましょう。

ここでも変なプライドは不要です。

以前、私が一緒に働いていた映像編集者が素晴らしい事例を見せてくれました。

その人に仕事を依頼しようとしたところ、

「今月抱えている仕事はこれこれで、来週もこれしかできません。もし新たに仕事をいただけるのでしたら、今のうちに資料などをください。パンク寸前なので、新規はあと3つしか受けられません」

と伝えてくれたのです。このように現状を具体的に教えてもらうことで、こちらも対処法を考えやすくなります。

キャパオーバーの状況を伝えることは、決して弱さを示すものではなく、むしろ自分の健康と仕事の質を守るための重要な手段なのです。

一方で、一度仕事を限界まで抱え込んでみないと、自分がどれくらいでキャパオーバーするのかはわかりません。

私自身、新卒で入社したアパレル企業は非常に激務でした。

５日連続で夜通し働いていたら、謎の高熱とじんましん、さらには帯状疱疹にもかかってしまいました。

帯状疱疹とは、免疫力が落ちてきた高齢者がかかりやすい病気で、疱疹の箇所は火傷のように痛みを持ち、眠れないほど。

そんな病気に私は20代でかかってしまい、そのことに非常に落ち込みました。

ただ一方では、**ぶっ倒れるまで仕事をやり切ったという自負になり、病気になったことでようやく自分は社会人として一人前になれた**と感じたのです。


健康第一で仕事を進めることはとても重要です。

健康でなければ、長期的に良い仕事を続けることはできませんし、**頻繁に体調を崩す人にはなかなか大きな仕事を任せられません。**

自分の体調をしっかりと管理し、無理をせず、必要なときには周囲にサポートを求めてください。

ランチ休憩を削ってでも行くべき場所

私たちは日々忙しく、まとまった時間を確保することが難しいもの。

多くの人は、以前に比べて本を読まなくなってしまっているのではないでしょうか。

ですが私は、存在価値を高めたいのなら本を読むことほど良い手はないと考えています。

もっと書店に行ったほうがいいし、もっと本を読んだほうがいい。

なぜかというと、**書店には古今東西、多種多様な本が並んでいて雑多感があり、自分の興味範囲外のものが自然と目に入るからです。**


たしかに、YouTubeやインターネットで探せば、仕事の効率的な進め方などはいくらでも手に入るでしょう。

けれども、本には編集や校閲など多くの人の手が入っているため、それらと比べて情報の精度が高い。

また、本を出版するには、出版社の厳しい企画会議を通過しなければなりません。

だれにでも本を出せるわけではなく、本にする価値があると出版社が判断しなければ、本は出版されないということ。

つまり、多くの人に読まれる価値があるという保証が与えられていると言っても過言ではないのです。

そんな本が1500円程度で手に入る。

本はお金を出すだけの価値がある情報源なのです。

私の経験からも、本の価値を実感しています。

新卒で入社したアパレル企業に勤務していたところ。

大型ショッピングモールに店舗が入っていたため、1時間の休憩時間になるとご飯を大急ぎで食べ、残り時間はいつも書店で過ごしていました。

そこでたくさんの本を買って読み、仕事のやり方を学び、たくさんの情報を得たのです。

とくに、コーナーもできていた堀江貴文さんの本からは、「自分を偽らない」ことの重要性など、多くの学びを得ました。

堀江さんは、自意識やプライドが本音を言うことや行動することの障害になると本に書かれていて、私も他人の目を気にして本音を言えずに悩んだことが多かったので、この教えが大いに役立ちました。

また堀江さんの著書『ゼロ　なにもない自分に小さなイチを足していく』には、「小さな成功体験の積み重ねが自信を作る」と書かれていました。

堀江さんは子どものころ、女子の前ではいつもオドオドしていたそうで、それは「自信」の問題だと述べています。

自信がない人は、自信を形成するための「経験」が圧倒的に不足していて、恋愛に限らず、経験とは自らが1歩前に踏み出すことで得られるものであり、待つのではなく、行動することが重要だと、この本に教えられました。

「自信なんて最初から持っている人は少なく、小さな成功体験を積み重ねることでしか自信は生まれない」

この言葉に元気づけられたのを覚えています。

プロアナになった当初、数年間はまったく自信が持てませんでした。

スキルがないのに番組メインMCという重役を任せてもらっていることが常に不安で、極度に失敗を恐れていたのです。

しかし、『ゼロ』を読んでいたころの記憶がふっと蘇ってきて、

「今の私に自信がないのは、挑戦や努力、つまり小さな成功体験を積み上げるための行動が不足しているからだ」

と気づかされました。

そのときから、小さな成功体験を積み重ねることで、少しずつ自信がついてきました。

もちろん、**最初は失敗ばかりで、うまくいかないことも多かったですが。**


2022年1月25日に「The UPDATE」で公開された「早期退職時代 FIREで人は幸せになれるのか?」という回があります。

通常の番組では古坂大魔王さんと2人でMCをしているのですが、この回ははじめて私たった1人でMCをすることになりました。

古坂さんがコロナにかかってしまい、欠席せざるを得なくなったのです。

「1人でなんて、絶対にできるはずない……。どうしよう……」

と不安でしたが、そこで堀江さんの教えを思い出し、**ただ悩んで時が過ぎるのを待つのではなく、とにかく努力をして行動することに決めました。**

収録までの１週間、渋谷にあるスタバで昼の12時から朝４時まで缶詰めになり、どうすれば視聴者におもしろいものを届けられるのかを自分なりに考え、綿密に準備をして、本番に臨むことにしたのです。

番組公開後は、視聴率やコメント数も通常より多く、何より「１人でもなんとかやりきれた」という小さな成功体験を得られ、それが自信となりました。

私は堀江さんの本から得た学びを通じて、人生を変えることができたのです。

ですので、プロアナとなって堀江さんの番組に関わることができたのも大きな出来事でした。

しかも、**この本の帯に堀江さんがコメントをくれたことも、当時の私に伝えてあげたい。**

本を読むことには多くのメリットがあります。

本はあなたの人生を変えるきっかけとなるかもしれません。

ちょっとした隙間時間でかまわないので、ブラッと書店に入り、本を手に取る習慣

を身につけてください。

今や街中で増えてきた蔦屋書店さんなどは、オシャレで親しみやすく、カフェも併設されていて、若い人でも入りやすくなっています。

私はその流れがすごくいいなと思っています。

堀江さんの例でも書きましたが、私は人生の苦しかったとき、本に救われた部分が大きいのです。

存在価値を出したいと考えているあなたにとって、本を読むことはその大きな一助となるでしょう。

私も本を読んで動き出して人生が変わったように、この本も、1人の人生を本気で変えられるのか、1500円を出していただく価値があるのかを自問しながら書いています。

この本で人生が好転する人が増えたらうれしいです。

それでもダメなら
環境を変えよう

「本に書いてあることをやってみたけれど、全然チームに貢献できないし、存在価値が出せていると思えない……」

これまでに述べたさまざまな方法を試してみても、どうしても状況が改善されない場合もあるかもしれません。

そんなときは、あなた自身と職場が合っていない可能性を考えてみましょう。

それに残念ながら、ブラック企業もセクハラ・モラハラ上司に悩まされる職場もまだまだ残ってしまっています。

そのような環境から離れることは、決して「逃げ」ではありません。

環境を変えると、あなたの周りの人々が大きく変わるはず。

また、新しいコミュニティや新しい職場に身を置くことで、新たな視点や価値観を得ることにもつながります。

世界は広く、さまざまなチャンスが待っています。

それなのに、「イヤだな」と思いながらずっと同じ環境にとどまっていることは、自分自身を「井の中の蛙」にしてしまうのと同じ。

せっかくの成長の機会を逃すことになるのです。

「成功に必要なのは『才能』ではない。『環境』だ」という意見もあるほど、あなたが身を置く環境の影響は大きいもの。

たとえば、今の職場でどんなに努力しても成果が出なかった人が、一念発起して転職したら、新しい職場で一気に成功を収め、自分の存在価値を示せるようになったケースなんて、枚挙にいとまがありません。

環境を変えることで劇的に状況が好転することは、少なくないのです。

私は以前いた環境からNewsPicksという新しい環境に入り、プロアナとなったのですが、経験も実績もなくてもバッターボックスに立たせてくれるという、ある種スパルタな環境が当時は肌に合っていたのかなと感じています。

そして今はその環境を旅立ち、自分でメディアをやるようになり、良くも悪くも自由にのびのびとできる環境になりました。

もちろん、NewsPicksを経たからこそ、今の私があるのです。

常に自分の存在価値を発揮できる環境を探し求め、変わり続けることをやめない、という姿勢が大事です。

ただ、誤解してほしくないのは、ほんの少し努力をして、それで結果が変わらないからといって、

「この職場も上司も先輩も私には合っていない！　私のことをよくわかってくれる職場があるはずだ！　転職してやる！」

などというのは**単なる逃げにすぎない**ということ。

その点はよく考えてみてください。

もしもパワハラやモラハラに困ったら人事、ひいては弁護士に相談を。

いったんの「おわりに」

ここまで読み終えて、

「よし、明日から職場で存在価値を出していくぞ」

と思っていただけたら、私としてはとてもうれしい。

けれど残念ながら、**この本に書かれていることをすぐに実行に移せる人は少ないかもしれません。**


多くのビジネス書では最後に、「この本に書かれたことを行動に移してください」とありますが、実際に行動できる人はごくわずか。

なぜなら、人はそんなに簡単には変われないから。

行動に移すこと、そしてその行動を続けることは非常に難しいのです。


どれだけ知識を身につけ、情報をたくさん得ても、行動することでしか人生は変えられません。

だからこそ、行動してほしいのです。

私がここまでお伝えしたことは、いわばあなたの自転車が倒れているから、その自転車を起こしてあげたようなもの。

けれど、ここから自転車に乗って前に進むことは、私にはできません。

後は**あなたがサドルをまたいで、こぎ出すしかない**のです。


とはいえ、自転車のこぎ始めはとても力がいります。

そこであきらめてしまったら、元も子もありません。

なので、最初の一歩をできるだけ簡単にするために、**できるかぎり簡単に行動できる「フィジカル」のTipsを次章に書きました。**

それは、ちょっとした座り方、手の位置、呼吸法を変えるというもの。

「スタンス」「アクション」よりも遥かに低いハードルなので、きっとすぐに実行できるでしょう。

英語の慣用句に、

「Fake it until you make it.」

というのがあります。

日本語にすると**「うまくいくまでは、うまくいってるフリをしなさい」**という意味なのですが、次章で紹介しているフィジカルは、ある意味、存在価値のあるフリをしよう、ということ。

フリであっても、行動することで人生は変わります。

自転車は一度進み始めたら、あとは結構ラクにスピードが出るものです。

ここが踏ん張りどころ、がんばってください。

第4章

最速で
存在価値を出す
7つの奥義

存在価値は「背筋」から

「奥井ちゃんは姿勢とか座り方とか、そういうフィジカルを意識したほうがいいよ」

かつて古坂大魔王さんからダメ出しされたときに言われた言葉です（古坂さんは大のプロレス好きで、フィジカル技もお詳しいのです）。

新入社員や若手社員として新しい職場に入ると、経験や知識が豊富な上司や先輩たちに敵わないと感じることが多いでしょう。

彼らはすでに多くのスキルや知識を持ち、重要な仕事を任されているため、最初から彼らと勝負になるはずがありません。

ですが、**このまま何も変えなければ、いつまでたっても彼らに追いつくことはできず、自分の存在価値を示すことも難しい**でしょう。

では、まず何から変えればよいのでしょうか？

その答えの一つが**「姿勢」**なのです。

姿勢を正すことで、すぐにフィジカル的な変化を周囲に示すことができます。

心の変化やスタンスは、外からは見えにくいもの。

アクションは、先述したように、実行に移すハードルが少々高め。

ですが、**姿勢はすぐに変えられますし、その変化はだれにでもわかります。**


たとえば、胸を張り、猫背を直すだけでも印象は大きく変わります。

ちなみに猫背は防御姿勢ともいわれていますが、姿勢の変化だけでも、あなたの雰囲気は一変するのです。


毎日猫背でおとなしそうな人が、急に背筋が真っすぐになったら、それだけで、

「あれ？　なんかあいつ、いつもよりビシッとしてるな」

と思いますよね。

まずはその程度で十分なのです。


さっそく今、この瞬間からやってみてください。

いったん本を置いて、胸を張り、背筋を伸ばし、肩甲骨を後ろに開くようにして肩を広げてください。

その際、背もたれに背中をつけないことが重要です。

少し浅く腰掛けて、背筋を伸ばしましょう。

猫背にならないよう、**頭のてっぺんから糸でピンと引っ張られているイメージを持つとなおよいでしょう。**

目安として、椅子の背にガチョウのタマゴが1個あると考えてみてください。

そのタマゴを割らないように、背もたれに体を寄せずに座ることが重要です。

ちなみにガチョウのタマゴの大きさは、にわとりのタマゴ2個分くらい。

このイメージを持つことで、簡単に実行できるはずです。

とくにPCでの作業が多い人は、腰痛になりやすいもの。

若いうちはまだ大丈夫かもしれませんが、**腰痛持ちになると日常生活だけでなく仕事にも大きな影響が出てしまいます。**

あなたの部署内にも腰痛持ちの人がいるかもしれませんが、正しい姿勢を心がけることで予防につながります。

それに加えて、**肩に力を入れないことも大事です。**

肩に力が入って体がこわばってしまうと、なんだか弱く小さく見えてしまうのです。

また、「巻き肩」といわれる肩が開いて内側に入ってしまう状況も、自信なさげに見えがちなので、できるだけ外に開いて胸を広げましょう。

胸が広がると呼吸が通り、リラックスできるようになります。

背もたれに背中はつけず、ガチョウのタマゴ１つ分を空けるイメージ。

プレッシャーのかかる場面だと、なおさら呼吸が大切になってきます。

私がプロアナになったばかりのころの番組を見返すと、ほとんどのシーンで肩に力が入って上半身が縮こまっています。

第一印象から負けてしまっている印象を受けるのです。

こうならないよう、とくに新社会人の方はご注意ください。


もちろん、姿勢を変えただけで劇的に仕事ができるようになるわけではありません。

ですが重要なのは、行動に移して何かを変えたということ。

姿勢を正すという小さな行動であっても、それは成功体験となります。

そんな小さな成功体験を積み重ねることで、

「私はすぐに行動できるし、変えることができるんだ」

と自信を持てるのです。


胸を張って自信を持った姿勢でいることで、周囲からの印象も変わり、自然と存在

感が増します。

実際に多くの成功者やリーダーたちは、その堂々とした姿勢で人々を魅了していま
す。

あなたも、姿勢を正すことで自分自身の存在価値を高め、周囲からの評価を向上させる一歩を踏み出してみてください。

ビジネス版「ファイティングポーズ」

新しい職場や部署に入ったとき、最初に感じるのは不安と緊張かもしれません。

また、仕事をしていると緊張を強いられる場面もきっとあるはず。

そんなときに役立つのが、私が「ファイティングポーズ」と呼ぶ姿勢。

このポーズを取ることで、**内面の不安を押し隠し、自信を持って仕事に取り組むことができるようになります。**


まずは椅子に座ったまま、背筋を伸ばすことから始めましょう。

そして目線はきょろきょろとさせずに、しっかりと前を見据えてください。

目線が定まっていると、相手に対して自信を持っている印象を与えることができます。


ファイティングポーズで最も大事なのは、手の位置。

両手の指を組んで体のやや前、机の上に置きます。

足はかかとを上げたりせず、**地面にしっかりとつけることで、安定感を出しましょう。**

このポーズを取ることで、リラックスした状態を保ちながらも、集中力を高め、周囲からは自信を持っているように見られます。

このポーズは、**とくに会議などで効果的です。**

私自身、番組の議論の最中にはこのポーズを基本としていました。

試合中のボクサーは、ファイティングポーズを取りながらパンチを出したり、ステップを踏んだり、ガードをしたりしています。

それと同じように、この姿勢を保ちつつ、顔を話者に向けたり、ボディランゲージをしたり、ノートを取ったり、ＰＣでタイピングしたりしましょう。

背筋は伸ばし、目線は前方に定め、両手の指を組んで体の前に。かかとはしっかり地につける。

注意していただきたいのは、ファイティングポーズというのは、**エラそうに振る舞うことを意味するわけではないという点。**

オラオラする必要はありません。

あくまで、自分を萎縮させることなく、堂々と振る舞うためのポーズなのです。

また、相手の話に興味を持っていることを示したいときには、少し前のめりになるのを心がけてください。

これによって、相手に対して、

「あ、この人はちゃんと私の話を聞いてくれているな」

という積極的な関心を示すことができ、信頼関係を築く助けになります。

以上が「ファイティングポーズ」の基本です。

これも今すぐに行動に移せるので、本を置いて試してみてください。

エネルギーは「丹田」から放たれる

「丹田《たんでん》」を知っていますか？

丹田とは、おへそから指3～4本下にある場所のこと。

この丹田は、古代から武道や気功などで重要視されてきました。

丹田は体の中心であり、エネルギーの源とされています。

ここに常に少し力を入れておくことで、**体全体のバランスが整い、安定した姿勢や動作が可能になる**のです。

「腹をくくる」「腹をきめる」という慣用句があるように、丹田のある腹には決意や覚悟の意味が込められています。

これらの表現は、人生の重要な場面で決断を下す際に使われます。

丹田を意識することで、**体だけでなく心の安定も得られる**のです。

また、腹を据えることで、困難に立ち向かう力や、迷いを振り払う勇気も生まれます。

まさに、腹は心身の中心であり、強さと安定をもたらす源といえるでしょう。

丹田を鍛え、腹を意識することで、**日常のストレスやプレッシャーに対しても動じない自分を育て、何事にもブレない心を育むことができる**ということ。

丹田を意識して話すと、**あなたのエネルギーが自然と相手に伝わり、声に重みが増し、説得力が高まります。**

たとえば、プレゼンテーションや会議で意見を述べるとき、丹田にグッと力を入れながら声を出すだけで、心からのメッセージを伝えることができるのです。

深呼吸をしながら丹田に意識を集中させ、そこから声を発するイメージを持つとなおよいでしょう。

これにより、声が自然と落ち着き、力強くなります。

存在価値を出せずにいると、どんどん自

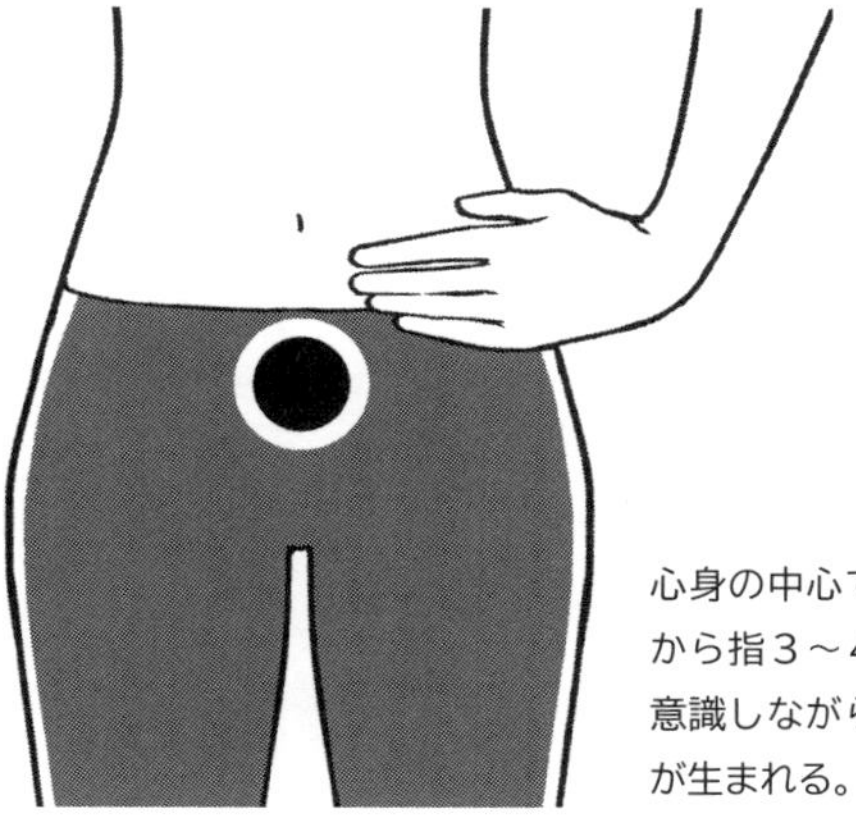

心身の中心である丹田は、おへそから指３～４本下にある。ここを意識しながら出した声には説得力が生まれる。

信が持てなくなり、声が小さくなったり、言いたいことをうまく伝えられなかったりしてしまいがち。

そんなときこそ、丹田を意識してみてください。

自分自身の内側から発せられるエネルギーは、ある意味どんなスキルよりも強力なのです。

黙っていても
チャンスが舞い込む方法

私たちは皆、笑顔が大切だと聞いて育ってきました。

たしかに笑顔は人を惹きつける力があります。

ですが、いつも笑顔でいるのは簡単ではありません。


以前テレビで、あるタレントが毎日している笑顔トレーニングというのを見たことがあります。

鏡の前で口角を上げる練習を繰り返し行うというものでした。

非常に有効だと思いますが、かなりハードルが高く、**多くの人にとってはトレーニングを継続するのは難しいのではないでしょうか。**

それに私自身、忙しさの中で常に笑顔を保つことは簡単ではありませんし、番組でMCとして議論を仕切っていたときは、頭の中はフル回転で、とても表情まで意識が回りませんでした。


もともと笑顔でいられる人は、そのままでいいと思います。

けれど周囲から、「ブスッとしてて、いつもイライラしてるように見える」などと指摘された経験のある人は、無理に笑顔になる必要はありませんが、**少なくとも不機嫌そうな表情や態度を見せないように心がけることが重要です。**

すでに大きな結果を出している人や超優秀なクリエイターならともかく、若手新人が職場でブスッとしていたら、それはアウトです。

不機嫌そうな表情は周囲に対してネガティブな印象を与え、**職場の雰囲気を悪化させる可能性が高いと思われてしまうのです。**

とくに新人の場合、まだ信頼関係が構築されていないため、そんな表情をしていた

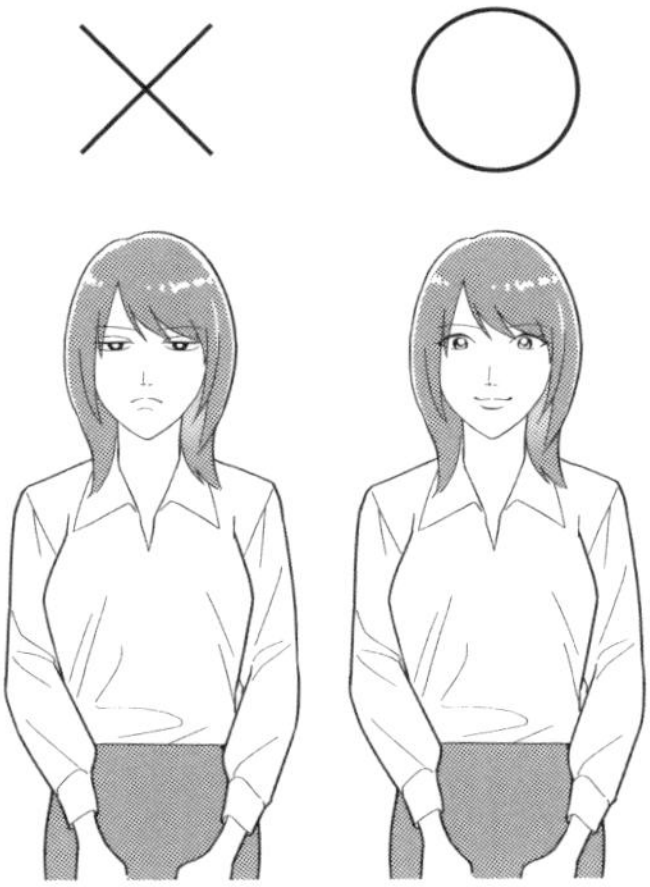

まだ何者でもないあなたが不機嫌そうにするのは絶対にNG。せめてネガティブな印象を与えないように。

ら即座に悪い印象につながってしまうでしょう。

結果として、周囲からのサポートや協力が得られにくくなり、成長の機会を逃してしまうかもしれません。

だれしもご機嫌そうな人と仕事をしたいものです。


笑顔でいるにはトレーニングが必要かもしれませんが、**不機嫌そうにしないことは意識するだけで実践できるはず。**

最低限の表情で構いませんので、ネガティブな印象を与えないようにしましょう。

そうすることで、仕事が舞い込むチャンスもあるかもしれません。

憂鬱な会議の前は「シン呼吸」で

重要な会議やプレゼンテーション、はじめて任される仕事、慣れない業務など、仕事をしていくうえでストレスが大きくかかる場面はたくさんあるもの。

ストレス管理は呼吸から始まります。

これからお伝えする呼吸法を、会議やプレゼンなど、緊張したりストレスがかかったりする場面の前に、意識的に取り入れてみてください。

きっとあなたのストレスを緩和し、集中力や冷静さを取り戻し、心を落ち着かせてくれるでしょう。

なぜなら、**この呼吸によって心拍数が低下して血圧も安定し、人間の体をリラックスさせる副交感神経系が活性化する**からです。

また、体内の酸素量も増えるので、脳内のセロトニンやエンドルフィンといった幸福感をもたらす神経伝達物質の分泌も促進されるのです。

具体的には、**鼻から3秒かけて息を吸い、口をすぼめて6秒かけて息を吐くだけ。**

吐くときは、できるだけ肺の中の空気をすべて吐き切ることを意識しましょう。

私はこれを深呼吸ならぬ、「シン呼吸」と呼んでいますが、数回繰り返すことで、**ストレス軽減、リラックス、脳の活性化、集中力や判断力が高まるといった効果があるのです。**

とくに会議やプレッシャーのかかる場面では、私たちは呼吸が浅くなりがち。するとと脳への酸素供給が減少し、**集中力や判断力が低下してしまいます。**その結果、意見を出してもうまく伝わらなかったり、冷静な対応が難しくなったり、会議や仕事の成果に悪影響を及ぼす可能性があるのです。

そんなときこそ、このシン呼吸を意識してみてください。

私もこの呼吸に何度も救われました。

生放送の現場では、台本が直前に変更されることも珍しくなく、常に緊張感が漂っています。

まして、何が起こるか分からない状況で視聴者数が１００万人を超える回では、プレッシャーは一層ふくれ上がるもの。

極度の重圧を感じた回で印象に残っているのは、世界的な建築家の隈研吾さんがご出演されたときのこと。

隅さんのご出演が決まってから本番終了まで、緊張が途切れることは一瞬もありませんでした。


当日のテーマは「スマートシティに宿る人間の可能性」。

番組サイドは、自動運転やAI、スマートビルディングといった「テクノロジー」起点で話が進むだろうと考えていました。

ですが、番組開始早々、もう一人の論客であるローカルプロデューサーの林篤志さんによる、

「スマートシティ化が進む中で、人間らしさや五感から生まれるクリエイティビティが失われれば、人間はバカになってしまうのではないか？」

という問いかけに対して、隈さんも、

「建築だけでなくライフスタイルが変わらない限り、本当のスマートシティにはならない」

と応じられ、**全く予想もしなかった展開に。**

ゲストの方々と私たちの視座の違いに唖然とし、私の呼吸は一気に浅く。

しかも、隈さんは身長も１９０センチ近くあったと思いますが、その圧倒的な存在感が私の緊張をかつてないほどに。


けれど、**そんな時こそ「シン呼吸」**です。

他のゲストが話している間にシン呼吸を取り入れることで、自分のペースを保つように努めました。

そうして落ち着きを取り戻し、アドリブで生まれた新たな質問を効果的に投げかけることができたのです。

「隈さんの建築は『五感の建築』だと思いますが」

私がこう問いかけると、隈さんは、

「そう言ってもらえるのは嬉しいですが、建築をしているからこそ、自分の仕事の限界を感じます」

と語られました。

そして、

「都市があるべき姿に戻るためには、生活の空間や時間を固定するのではなく、『住宅を解体せよ！』という大胆な提案が必要です」

という**この日一番のパンチラインも飛び出し、非常に意義のある放送回となったと自負しています。**

「今日は緊張する会議がある」

「厳しい上司にプレゼンをしないと」

といったストレスフルな場面では、このシン呼吸を意識的に行い、体内に多くの空気を取り入れて落ち着きを取り戻し、冷静な対応ができるようにしましょう。

頭が真っ白に なったときは

大きな事件が起こって焦っているときこそ、あえて動きをスローに、そして身振り手振りを大きくすることを心がけることで、冷静さを保ち、状況をより良くコントロールできるようになります。

新人時代や新しい職場に入ったばかりのころはとくに、想定外のことが起こったり、ミスをしてしまったり、怒られたり、仕事がいっぱいいっぱいになったり、テンパってしまう状況に陥ることが多いもの。

そのような状況では、**焦ってしまえばしまうほど、急いで行動しがち。**けれど、急いでしまうと行動が粗雑になり、結果としてさらに状況が悪化してしまうのです。

これに対処するために、**意識的に動きをスローにし、身振り手振りも大きくすることで、一度心を落ち着かせ、冷静な判断と行動ができるようになります。**

ちなみに、テレビ朝日「朝まで生テレビ！」などの司会として有名な田原総一朗さんも、あえて身振り手振りを大きくしているのだと私は考えています。

NewsPicksの収録でも、思いもよらない出来事がしょっちゅう起こりました。

それでもMCとしては、その事態に対処し、無事に放送を終わらせる責任があります。

たとえば、「通信改革は本当に成功するのか?」というテーマの回で、KADOKAWAとドワンゴの社長の夏野剛さんの付度のなさに大いに焦ったことがありました。

当時、番組のコンセプトが「経済版プロレス」だったため、意見の対立は議論を深めるために重要でしたし、視聴者も白熱したやり取りを楽しんでいました。

ですが、番組スポンサーの代表の方に対

想定外の何かが起こったときこそ、身振り手振りをあえて大きく、動きもスローにして落ち着こう。

して夏野さんが直球で意見を述べるのは、まったく予期していなかった展開。

その瞬間、現場が緊張感に包まれました。

そんなとき、私は意識的に少しゆっくり動いたり、身振り手振りを少し大きく遅くしたり、話す際も間を取ったりすることで、自分を落ち着かせるようにしました。

不自然なほどスローにするのではなく、気持ちゆっくりと動く程度の意識ですが、これで乗り切ることができたと思っています。

ある日の生放送で、出演予定だった編集者の箕輪厚介さんが遅刻ギリギリになったこともありました。

ダブルブッキングで地方に滞在していたらしく、開始時間に間に合うかどうか微妙なところ。

そんなときでも、テンパったりせずにうまく対処し、なんとか落ち着いてやれたのは、動きを少しゆっくりにして、いつも以上にボディランゲージを大きくするように心がけて冷静さを取り戻すことができたから。

また、**緊張したり焦ったりしているときは、早口になりがち**です。

私も気をつけないとすぐにどんどん早口になってしまいます。

そこで、あえて少しだけゆっくりとした口調にすることも、心を落ち着かせるためには効果的。

私も番組で、意識して口調をゆっくりするようにして、冷静さを取り戻せたことが何度もあります。


テンパりそうになったときこそ、あえて動きをスローに心がけることで、一度心を落ち着かせることが大切です。

そうすることで、冷静な判断と行動ができるようになり、結果として状況をより良くコントロールすることが可能になります。

ぜひ試してみてください。

自信がなくても言い切ることの価値

「他人の顔色をうかがってばかりで、自分の意見が言えない……」

「いつも何を言いたいのかわからなくなって、結局、歯切れの悪い言葉しか出てこない……」


こんなふうに悩んだことはありませんか？

これらは自信のなさが原因といえます。

けれど、**自信がないからといって、断定・断言しないでいると、あなた自身も周囲の人たちも不安になってしまうでしょう。**

自分の意見に責任を持ち、明確にすることで人を惹きつけることができます。

多少自信がなくても、**断定することには大きな価値がある**のです。


物事は「良い」「悪い」で判断できるような二元論になっておらず、すべては多元論です。

世の中のすべてのことを、自信を持って言い切れるわけではありません。

グラデーションがあり、白か黒かで片付けられるものではありません。

答えが1つではないからこそ、どんな選択にも価値があるのです。

しかし、もしあなたがいつも曖昧な態度を取っていたら、周囲の人々も迷い、不安を感じるでしょう。

社会人として、責任を持って行動するためには、勇気を持って自分の意見を言い切ることが大切です。

そうすることで、**周りの人も安心し、あなたの存在価値が明確になります。**

そうはいっても私自身、かつては最後まで言い切ることができず、自信なさげに話をしてばかりいました。

番組に出演しているのは、圧倒的知識量を持つ専門家や大きな成功を収めた人ばかり。

キャリアも実績も私とは比べものになりません。

そんな人たちを前に、知識の浅い自分が発言してもよいのか自信が持てず、話しながら何を言っているのかわからずしどろもどろになってしまい、ますます途中で話が尻つぼみになることも多々あったのです。

ただ、そんな自分の話し方に気づいたのは、

「どうして私がしゃべるとき、周りは不安そうな顔をするんだろう……」

とモヤモヤして、過去に出演した番組のダイジェストを見返したとき。

映像の中の私は、自分の意見をかなり不安そうにボソボソと歯切れ悪く口にしていたのです。

質問するときも同様に、自信なさげにモゴモゴと。

これでは何を言っているのか聞き取れないし、周りの出演者にも視聴者にもきっと不安を与えているでしょう。

「こんなヤツには、番組を任せられないと思うだろうな」

このときから、**間違えてもいいから意見も質問も絶対に最後まで言い切ろう**、と決めたのです。

もちろん、最初から急にうまく言えたりはしません。

また、練習も重ねましたが、きちんと自信を持って言い切れるようになったのは、

「私にしか聞くことのできない質問があるんだ」

と腑に落ちてから。

そのように思えるまで長い時間がかかったものの、だんだんと最後まで言い切ることができるようになり、自分の意見もしっかりと伝えられるように成長しました。

「私はこう思います」
「こうすることを決めました」
「これでいきましょう」

語尾を言い切るというちょっとした変化ではありますが、それだけで周囲の評価も変わってきます。

この小さな変化が、あなたの存在価値を高める大きな一歩となるのです。

ぜひ試してみてください。

第4章
最速で存在価値を出す7つの奥義

おわりに

本書を手に取ってここまで読んでいただき、本当にありがとうございます。

正直なところ、ここまで書き上げるのは決して楽な道のりではありませんでした。
私自身が存在価値について深く悩んだ経験があり、その苦しみや葛藤を正直に書くことは、時に自分自身を見つめ直す痛みを伴いました。

多くの人が、自分の存在価値を見失い、社会や職場でのプレッシャーに押しつぶされそうになっています。

私自身も、

「自分は何の役に立っているのだろうか」

「何のためにここにいるのか」

と、夜も眠れないほど考え込んだことが何度もあります。

あなたもきっと同じような経験があるはず。

この本には、そんなときにどうすれば存在価値を出せるのか、を書きました。

ですが、この本を読んで、しっかりと行動したあなたに、最後にお伝えしたいのは、

「存在価値なんてクソ食らえ」

ということ。

「自分には何ができるのか」「私には存在価値がない」とか思わないでほしい。

存在価値なんて、所詮どこかの誰かが作り出した幻想です。

あなたというかけがえのない存在が、生きていることに価値があるのです。

だからもう悩むのをやめてください。

あなたは、生きているだけで存在価値がある。


私は一児の母ですが、親になってわかったことがあります。

子どもは何もしなくても存在価値があるのです。

これは、赤ちゃんや小さな子どもに限りません。

今はまだ職場では存在価値を出せていなかったとしても、両親、兄弟、祖父母、友人、だれかしらにとって、あなたは間違いなく存在価値があるのです。

なので、「自分には存在価値がない」なんて思い込むのはやめてください。


もっと自分の存在価値を認めてあげてください。

人の評価に依拠せず、他人を基準に生きず、自分の人生を生きてください。

「私はここにいていいんだ」

と過去の自分を許し、今までの自分の努力を抱きしめてあげましょう。

この本が、少しでも多くの人に届き、自分自身の存在価値を見つける手助けになればうれしく思います。

繰り返しますが、生きていること自体が素晴らしいことであり、あなたには無限の可能性があります。

そのことを忘れずに、前向きに生きていってください。

人に期待しない私が、はじめて期待してもいいと思わせてくれた夫。

あなたがいなければ、私は自分の存在価値を受容することができなかった。

どんなに支離滅裂な言葉でも、真剣に悩みを聞いてくれた友人。

キャリアで行き詰まっていたときに導いてくださったメンター様。

ダメダメで期待外れだった私を見捨てず、信じ続けてくださったNewsPicksチームの皆様。

あなた方の背中を見て多くを学びました。

そして時に厳しく時に優しく支えてくれる視聴者の皆様に、心から感謝の意を表します。

本当にありがとうございました。

ハッシュタグ「#ガチ存在価値」でこの本の感想を書いてXで投稿いただけたら、リアクションさせていただきますので、よろしくお願いします。

2024年8月　奥井奈々

おわりに

奥井奈々（おくい・なな）

初代 NewsPicks キャスター／株式会社 WellNaviAI 代表取締役

1993 年生まれ、兵庫県出身。
2018 年、NewsPicks の番組オーディションで選出され、初代 NewsPicks キャスターとなる。
『The UPDATE』、『HORIE ONE』、『WEEKLY OCHIAI』などに出演。
現在は、ネット番組を中心に MC やファシリテーターとして活躍する一方で、ヘルスケアや体調管理に特化した動画メディア「WellNaviAI（ウェルナビアイ）」の代表を務める。本書が初の著作。

装丁：鈴木大輔（ソウルデザイン）
校閲：鴎来堂
イラスト：カロ当選
編集：岩崎輝央

ガチ存在価値
あなたの姿勢で勝ちが決まる

2024年9月28日　初版　第1刷発行

著　者　　奥井奈々

発行所　　株式会社 游藝舎
東京都渋谷区神宮前二丁目28-4
電話 03-6721-1714　FAX 03-4496-6061
印刷・製本　　中央精版印刷株式会社

ISBN978-4-9913351-6-7 C0030